JN039041

LEADING
リーディングクオリティ
QUALITY

RONALD CUMMINGS-JOHN • OWAIS PEER 著

河原田政典 訳

ASCII
DWANGO

LEADING QUALITY

How Great Leaders

DELIVER HIGH-QUALITY

SOFTWARE AND

ACCELERATE GROWTH

RONALD CUMMINGS-JOHN • OWAIS PEER

推薦の言葉

「品質に対する考え方こそ、プロダクトや企業を他と差別化する鍵だ。本書が提示しているのは、このマインドセットを身につけるための重要なレッスンである。」
マイケル・ロップ（Michael Lopp）『Managing Humans』著者・Slack 社 VPoE

「成功するプロダクトの 3 要素を定義しよう。品質、品質、そして品質だ。本書はあらゆるプロダクトの DNA に品質を組み込む網羅的かつ実践的なガイドだ。」
ニック・コールドウェル（Nick Caldwell）Looker 社 CPO・Reddit 社の元 VPoE

「品質の危機が始まるときはいつもリーダーシップの危機が起こっているものだ。本書はその両方の困難を避けるのに役立つ。」
ジェームズ・バック（James Bach）『ソフトウェアテスト 293 の鉄則』著者

「実効力のある QA 戦略を推進したいリーダーにとって、本書は洞察に満ちた魅力的なガイドブックになるだろう。特に IT を活用して高品質なプロダクトを提供するならば。」
イリヤ・サハロフ（Ilya Sakharov）HelloFresh 社 QA ディレクター

「真剣に組織内の品質を考える管理職の必読書だ。テスト自動化から各種ベストプラクティス、さらにそこから得られる洞察にいたるまで網羅されている。」
マリアン・ロックリー（Maryann Lockley）Camelot Group 企業 The National Lottery 社 QA 責任者

「待ってました！ 本書を読めば、管理職や経営幹部が、なぜ品質にこだわるべきなのか、また、なぜしっかりと品質に投資することがプロダクトの成功という形で報われるのかが理解できる。品質の第一人者が発信する洞察やストーリーを読めば、企業がなぜ・どのように品質に焦点を当てる必要があるのかが把握できる。」

リサ・クリスピン（Lisa Crispin）『実践アジャイルテスト』『More Agile Testing』『Agile Testing Condensed』著者

「自動テストや継続的テストを検討している管理者が貴重な洞察を得られる本だ。」

ロバート・C・マーチン（Robert C. Martin）『The Clean Coder』著者

「この分野で出版されている本はどれもテスト技術を詳細に説明することに焦点を当てているが、本書は初めて出版された、品質を『リードする』にはどうしたらいいかを教えてくれる本である。」

ダニエル・ノット（Daniel Knott）『Hands-On Mobile App Testing』著者

「『Leading Quality』は、管理職の視点から品質をもたらす方法を理想ではなく現実に即して語っている数少ない書籍である。チームを次のレベルに引き上げたい人に最適だ。」

スティーブン・ジャナウェイ（Stephen Janaway）Bloom & Wild 社 VPoE

「テスターは品質が組織にとって重要であると直感的かつ本能的に理解している。ただ、それを C レベルのエグゼクティブ（CEO・COO・CTO など）に伝えて注意喚起したり、モチベーションを高めたり、打ち手につなげてもらえるようにうまく説明できるテスターはあまりいない。そこで『Leading Quality』の出番だ。本書は多くの興味深い実例と役立つ方法でいっぱいである。なぜ品質が重要なのか、そしてそれがあなたの会社にどう役に立つのかを明確に教えてくれる。」

バーノン・リチャーズ（Vernon Richards）House of Test 社業務執行取締役・カンファレンスのホスト＆スピーカー

「高品質なソフトウェアはテストだけでは絶対に実現しない。最高品質のソフトウェアは品質文化を持つチームや組織から生まれる。品質文化を醸成するには強力な「品質リーダーシップ」が必要だ。ロンとオワイスが書いたこの卓越した書籍は品質とリーダーシップについて述べたものだが、誰もが自分の組織で品質をリードするために使える実用的なアドバイスとリサーチが織り交ぜてある。」
アラン・ペイジ（Alan Page）Unity Technologies 社品質ディレクター・AB Testing ポッドキャストの共同ホスト

「あまりにも長い間、テスターと C レベルのリーダーとでは、テストや品質の捉え方がかけ離れていた。本書は管理職やリーダーシップの立場にある人すべての必読書である。同時に、品質に関するさまざまな視点を提供し、積極的に変化に影響を与えるべく組織の管理職やリーダーにどう語ったらいいかに言及しているので、テスターにとっても使える資料だ。業界内での品質リーダーシップに向けた大変動は、本書で始まったばかりだ。」
ダン・アシュビー（Dan Ashby）Photobox 社品質エンジニアリング責任者・元 eBay 社テスト責任者

「『Leading Quality』は、あらゆる成長段階の企業で働く QA の専門家が品質への投資を訴えるのに役立つだろう。技術分野の第一人者がフレームワークと洞察を通じて、なぜ品質が重要なのかを説いているからだ。」
スヤッシュ・ソンワカール（Suyash Sonwalkar）Coinbase 社品質リード・自動化リード

目次

まえがき

ニール・ブラウン（Nail Brown）
Deloitte Consulting 社テストサービスパートナー

数年前には、テストは諸経費として勘定されていた。

今日では、ビジネス戦略の中心となっている。

たとえば金融サービスでは、銀行や保険会社のソフトウェアが期待に満たない品質であれば、ユーザーには別の銀行や保険会社に切り替えるという選択肢があった。だが、切り替えには数週間から数ヶ月もの労力と事務処理が必要となるため、ほとんどの人は不便なアプリケーションの煩わしさの解消に、競合他社への移行という難題に見合うだけの価値を感じてはいなかった。とあるテック系の大企業は特に悪名高く、テストの量を制限して既知の問題を抱えたソフトウェアをリリースしていた。彼らには、ユーザーがアップデートを求めて戻ってくるだろうとわかっていた。結果的に、顧客が無償でテストをさせられていたのだ。

今や法人であろうと個人であろうと、そんなことを許す顧客はいない。あまりにも簡単に選べる、あまりにもたくさんのオプションがあるのだ。似たような製品を買って移行できるし、同じものを何十・何百もの別の企業から購入できる。顧客は気が向いたときに行動できるようになった。

その結果、企業はプロダクトの失敗、および、失敗が消費者にもたらす影響をもはや許容できなくなった。2012 年頃の金融サービスは市場投入までのスピードや規制違反のリスクを優先し、UX（User Experience：顧客体験）は二の次であった。そのせいで顧客が自身の預金口座にアクセスできなかったり、金融機関が誤って二重に支払ってしまうといった多くの重大な問題が発生した。自らの選択がもたらしたコストが浮き彫りになったのである。多くの場合、UX に関わる問題は規制違反や訴訟よりも高いコストがかかる。プロダクトの品質とユーザビリティーは極めてミッションクリティカル［訳注：欠陥があるとビジネス全体に深刻な影響が発生する、事業運営に欠かせない要素］になっており、したがって、ビジネスでの扱いが以前に比べてとても重要なものとなっている。

　そもそも、テストというのはシステムエンジニアリングの一部にすぎなかった。しかし、プログラムが複雑になっていくにつれてソフトウェア開発業では、さらに厳格なアプローチを品質に適用する必要があると認識された。こうしたニーズが認識されても、テストはやはりデリバリーライフサイクル［訳注：ソフトウェアを企画・開発し、ユーザーが使えるよう市場にデリバリー（提供）するまでの一連の流れ］の終わり近くに押し込み、プロジェクトに存在させておきさえすればよいものと考えられていた。可能な限り無視するべき間接経費だと多くの人が考えていたのだ。

　数年前、ある会計ソフト会社で独自のテスト手法の開発、および、それを推進する組織横断部門の発足を支援したときには大変な抵抗に遭った。他部門にはその取り組みの価値がわからなかったのだ。開発手法だけではなく企業のマインドセットに対しても根本的な変更を加えた。今ではテストやQA（Quality Assurance：品質保証）がビジネスの中枢となっている。

　テストやQAという領域はプロダクトのリリース準備ができたと宣言するためではなく、リスクや組織のリスクプロファイルを理解するために存在する。そのリスクプロファイルが何であるか、早期に理解し明確にできればできるほどプロダクトはより良いものになるし、企業は十分な情報に基づいて意思決定ができる。このように考えれば、品質があらゆるデリバリーライフサイクルの中核をなす重要な鍵になるとわかるだろう。私たちはテストというものが、開発の1フェーズから専門職が求められる業務へ、そして変革を包括的にもたらすキードライバーへと変化・成熟していくのを目の当たりにしてきた。

　テストやQAに携わる専門人材である品質プロフェッショナルのあり方は、根本的に変化した。［訳注：テストやQAに携わる専門人材には役割や職掌からさまざまな呼称があり「テスター」「QAエンジニア」などと呼ばれるが、日本と原著の書かれた欧米ではその意図するところが異なる。たとえば、日本では一般に「テスター」はテスト実行だけを指示通りこなす人材を指すが、欧米では技術力や責任範囲を問わず、ソフトウェア品質に寄与するテスト・QAを主な職能とする人材を指す。「テスト」という言葉も欧米では品質に関わる取り組みを広く指すことが多い。こうした文化的差異を考慮しつつも、本書では原著に従い「テスター」「QAエンジニア」「品質プロフェッショナル」などと表記する。］

　品質プロフェッショナルはリスクを低減させるだけではなく、そのリスクがもたらすインパクトを言葉にし、開発者から経営陣まで組織全体の行動を促せなければならない。

　数年前にアプリケーションに対して行っていたテストは現在よりも深さと幅があった。だが、そのようなテストはコストを考えるともはや不可能だ。テスト対象のコードは複雑かつ量も膨大となっており5倍から6倍もの労力を要する。単純に、そんなリソースが確保できるわけがない。

　テストが企業活動における重要度を増していくにつれて、品質プロフェッショナルに求められる役割や要求されるスキルも変わってきた。上手にテストができるだけではもはや十分ではない。テスト対象の機能から抽出したビジネスに役立つ洞察を理路整然と表現し、複数のチームにまたがった変化を主導する能力を発揮することが求められている。

　品質プロフェッショナルにとって「リーダーシップ」とは、テストチームをまとめることだけを意味するわけではない。品質がビジネスの成功の鍵であるならば、品質に携わる者は組織内のあらゆるチームや貢献者に影響を与えられなければならない。ビジネスの全体的なゴールや方向性に沿って仕事をしながら、すべてのビジネスチームと連携できなければならないのだ。業務環境がコンスタントに（刻一刻と）変わっていく中で、である。

　規制で決まった期限がある金融サービス会社には、ある種のリスクプロファイルがあるといえる。エンターテインメント（娯楽）系のアプリケーションは激しい市場競争に直面しているかもしれない。テック企業は M&A の準備をしているかもしれない。これらの組織にはそれぞれ、異なるリスク許容度のプロファイルがある。今や品質プロフェッショナルは、こうしたリスクプロファイルの解釈と、その解釈に応じてテストアプローチをテーラリング［訳注：事情・環境に沿うようにカスタマイズすること］する責任がある。

　テストを誰にでもできるつまらない仕事とみなし、どれだけ安いリソースを調達できるかと底辺競争をしている界隈もある。それが有効なやり方という場合もあるだろう。だが私は、ヘッドカウント［訳注：クライアントが予算を確保している要員の数で、ここでは「自社からあと何人、クライアントのプロジェクトに入場・常駐させられるか」の議論という意味］とか 1 人日あたり何万円かといった話はしない。話すのは、ソリューションや顧客価値、どれだけリスクが軽減されたかについてだ。

　そのために当社では、開発やソリューション、システムなどに精通した技術的知識と、それと同じくらい深いビジネス専門知識の両方を組み合わせている。私たちが擁するエキスパートは、財務リスクマネジメント・ヘルスケアシステム・SAP［訳注：ビジネスプロセス管理のソフトウェアの 1 つ］・オラクル［訳注：データベースシステムの 1 つ］などを専門としている。それぞれを結びつけることで、ビジネスの重要なリスクに焦点を当てているのだ。

　私たちは、ただ自分たちができないからという理由で 4 年間も当社を利用しなければならないクライアントには興味がない。私たちが成功しているかどうかは、クライアントが私たちを必要としていないかどうかで測られる。たとえば、とあるクライアントと進めた 4 年間のプロジェクトがあった。最終的に彼らは自立し、当社が彼らを支援する必要はなくなった。しかし、彼らが選んだのはさらに 4 年間契約し、ビジネスの他の部分での複雑な変化や革新の推進にかかわる支援を受けることだった。

　提供側の収益よりもクライアントの価値を優先するこのような展望が、Global App Testing 社（GAT 社）に魅力を感じた理由だ。GAT 社がイノベーションに向けて常に前進していることに、私たちは感銘を受けた。彼らは教科書に書いてあることを鵜呑みにして、それが正しいと言ったりはしない。GAT 社は単にサービスを提供するために存在していたわけではない。価値を提供し、その最大化を支援するために存在していたのだ。

　当社はイノベーションを提供して品質を向上するテストコンサルティング会社だ（GAT 社のクラウドソーシングを使ったテストサービスとは対照的である）。これまで最も私の心が躍ったのは、品質のコストを実際に測定し、その測定値を使ってファンクショナルテストプロセスの最適化を推進できるようなエンドツーエンドの提案でお互いを補完する方法を見つけたことだ。

　品質界隈の最前線で、この未知の領域を自分たちの手で切り開いていかねばならなかった。だが、その必要性にもかかわらず、品質プロフェッショナルは自分たちを導いてくれるリソースをほとんど持っていないのが現状だ。ロナルドとオワイスが本書のプロジェクトの話をしてくれたときに、私が心配したのはそのことだった。これは単純化しすぎかもしれないが、私が見つけたテストの本はどれも実践的な経験よりも理論的な視点で書かれていた。

　私が読んできた本のほとんどは、より良くテストを行う方法を述べていた。しかし、テストのやり方をわかっている私たちが必要としているのは実際に苦労して得た経験に基づいた実践的な書籍であり、品質プロフェッショナルとしてどうやって価値を提供したかを教えてくれる本なのだ。品質プロフェッショナルならば、開発チームやビジネスチームなど、すべての人と関係を築かなければならない。私たちに不足しているのは、デリバリーライフサイクル全体を通じてさまざまなステークホルダーに適切なやり方で自身をアピールするにはどうしたらいいかを教えてくれる情報源だ。また、ソフトウェア品質に関わるリスク共有が極めて重要になっているビジネス環境で、品質を管理し、推進し、もたらすにはどうしたらいいか、経験と実例に基づいたアドバイスを提供してくれる資料だ。

　『Leading Quality』はそのニーズに応えた初めての書籍である。

Deloitte Consulting 社テストサービスパートナー
ニール・ブラウン

訳者まえがき

　ユーザーに価値を提供し、選ばれるプロダクトが高品質であることは、当然だ。

　プロダクトの品質はビジネスの成否に直結する。今、お手元のスマートフォンで試してもわかることだが、アプリケーションをダウンロードしようとすると、似たような機能を持つ似たようなアプリケーションがいくつもヒットする。業務アプリケーションにしても状況は変わらない。どこの会社が開発したどのようなアプリケーションもさして大差なく、互換性もある。「なぜ、ユーザーがそのプロダクトを選び、利用するのか？」という問いはすべてのプロダクト提供者が自問するべきだ。

　Web サービスや SaaS（Software as a Service）プロダクトを開発・提供する比較的「若い」業界では、特に PMF（Product Market Fit）を捉えた後、事業を拡大させる過程において、品質がアキレス腱になる。スタートアップ企業の創業者が温めてきたすばらしいアイデアを元に、優れた開発エンジニアが卓抜したスピードで構築したプロダクトは、確かにしばらくの間、独自性の高い優れたプロダクトとして市場を席巻するだろう。しかし、他社も手をこまねいてはいない。世に出たプロダクトやサービスはいつの間にか解析され、気がつけば同じようなプロダクトやサービスが現れる。しかも、競合のほうが安価に提供されるかもしれない。ブルーオーシャンはあっという間に競合ひしめくレッドオーシャンと化す。その中で生き残るための鍵が「品質」だ。品質の悪いプロダクトは、すぐにユーザーに選ばれなくなる。選ばれないプロダクトは当然市場から撤退する運命にある。損失の程度によっては廃業せざるをえない可能性すらある。

　このように（機能ではなく！）品質がビジネスに大きな影響を与える時代にあって、企業も品質への投資を加速していく。その一例が、昨今増えてきた「1 人目の QA エンジニア」の採用である。彼らのミッションの 1 つは、組織が抱える品質課題を明らかにすると同時に、品質文化の種を植え、組織全体で育てるようリードすることである。これは従来のテストでの品質保証という枠組を超えた、QA エンジニアの貢献が求められる新しい役割だ。しかし、参考にできる書籍は日本はおろか世界でもほとんど出版されておらず、経験と勘を頼りに手探りで進めるしかないのが現状である。「品質とは何か」「品質をいかに測るか」を説明した書籍や規格類は山積しているのに

「品質の大切さをいかに組織に広め、品質文化を醸成するか」を解説した信頼できる情報源は、ほぼ皆無なのである。

プロダクトの品質向上に頭を悩ませるプロダクトオーナーや事業責任者・経営幹部は多い。IT の利活用が企業活動の要であることを理解し、アジャイル開発や DevOps といった手法を採用し、優れた開発エンジニアやデザイナーを雇用しているのに、プロダクトに対する顧客の不満が尽きない現状を打破できず、模索を繰り返している。

本書『Leading Quality』は、品質を向上するためには組織の品質文化を変えなければならないことを喝破し、そのための考え方や行動指針を短い紙幅に詰め込んだ画期的なガイドブックである。ソフトウェア品質をビジネスを左右する要素と捉え、優れた品質戦略をリードするにはどうしたらよいかが語られている。内容は技術書というよりもビジネス書であり、ソフトウェア開発が関係する事業責任者やエグゼクティブの方にぜひご一読いただきたい。「品質」がなぜビジネスに大きな影響を及ぼすのか、それぞれの経験と照らし合わせることで、その力学が非常によく理解できると考える。だからといって、テクノロジー職の方に無益な書籍ではない。QA エンジニアやテックリード、プロダクトマネージャーをはじめとするテクノロジー職が往々にして抱える課題の 1 つは、ビジネス側に「なぜそれが大切なのか」を伝えることの困難さに起因する。本書にはプロダクトの課題である品質がどうしてビジネスにとって重要なのか、またそれをどのように経営陣に伝え、組織の品質への取り組みを変えていくのかが記されている。特に「1 人目の QA エンジニア」にとっては福音の書となろう。

ここからは謝辞を述べたい。初めに、すばらしい書籍を世に問うたオワイス・ピア（Owais Peer）とロナルド・カミングス＝ジョン（Ronald Cummings-John）を讃えたい。世界中の品質リーダーが本書を読み、優れた品質文化を醸成して事業を成功に導いている。翻訳を通じて日本においても影響力を発揮されたことに感謝する。

翻訳にあたっては数多くの方のご協力・ご助言を賜った。紙幅の都合で全員のお名前を挙げられない無礼を最初にお詫びしたい。しかし、中でも 株式会社グロービスと株式会社マネーフォワードの QA エンジニアの皆さまは、翻訳に苦戦する筆者をいつも応援してくださった。どれほど支えられたか、言葉では表せないほどだ。

個人名を特に挙げて謝意を示したいのは、誰よりもまず訳者とともに品質文化勉強会 Markin' Quality を運営している盟友・よーやさん（@yoya_k）戦友・おおひらさん（@oo4ra）畏友・muga さん（@_muga__）悪友・KEN-san（@krsna_crespo）の各氏だ。翻訳の草稿にいち早く目を通してくださったのみならず、品質ナラティブに着目したパネルディスカッションを何時間も繰り広げ、共に学びを深める機会を持つことができたのは望外の喜びであった。尊敬する仲間たちが支えてくれていることに、心から感謝している。いつもありがとう。これからもよろしく。

レビューについては、Markin' Quality の参加者のうち、全ページにわたって目を

通し多くの有益なご指摘をくださった金子昌永さん（@masskaneko）や、品質界隈で活躍されていて訳者との共訳書執筆のご縁もある風間裕也さん（@nihonbuson）をはじめとする数名の方たちのご助力なくしては成立しなかった。ひとえに訳者の実力不足のために皆さんが挙げてくれた 70 を超える指摘のすべてを盛り込むことができなかったことが悔やまれるが、実務知識に裏打ちされたレビューコメントはいずれも有益であり示唆に満ちていた。文字通り、有り難く、欠かせないものだった。

　また、訳者が所属する株式会社グロービスの先輩でグロービス経営大学院の教員でもある金澤英明さん・本田耕一さんは、ご多忙にもかかわらずビジネスのプロフェッショナルの視点から目を通してくださり、洞察に満ちた貴重なコメントをくださった。ソフトウェアのテスト・品質保証という技術領域に光を当てたビジネス書という性格を持つ本書は、グロービスが提唱するテクノベート時代に広く読まれるべき一冊であり、ソフトウェアエンジニアでないビジネスパーソンにとっても読みやすい翻訳が提供できているかが大きな懸念事項であった。ビジネスの最前線で活躍されているお二人のお墨付きをいただけたことで、大きな自信を得られた。

　和田卓人さん（@t_wada）こそが本書の翻訳の立役者である。2020 年 6 月 2 日に Twitter（現・X）で訳者が発信した、本書の翻訳プロジェクトの実現が難しいことを嘆く旨のツイートをご覧になり、わざわざダイレクトメッセージを送ってくださった。和田さんが拾い上げてくださらなかったら、この翻訳が日本の多くの読者に届く日は来なかったと思う。初めての商業出版、それも持ち込みの翻訳プロジェクトだったが、あらゆる側面から指南くださったのみならず、訳語の相談にも応じてくださり、最後まで伴走してくださった。敬愛する和田さんが価値あるものと見抜き・信じ・携わってくださったこの仕事は、訳者の記憶に終生刻まれるのみならず、我が国のソフトウェア品質界隈に新たな視点を広くもたらした嚆矢であったと記録されるだろう。

　アスキードワンゴの鈴木嘉平編集長にはお世話になりすぎて、どんな感謝の言葉も足りない。理想を燃やす未熟な翻訳者を 3 年以上の長きにわたって支えてくださった御恩を返すのは、次にまた謝辞を書くときに初めて達成されるだろうと信じて持ち越しとさせていただきたい。

　最後になるが、ふりかえれば訳者が翻訳の世界に魅了されたのは大学時代であった。親身に導いてくださった明治大学政治経済学部教授・瀬倉正克先生に、不出来な弟子がようやく手がけた最初の翻訳書を捧げる。

　本書がソフトウェア品質に真摯に向き合う品質文化を醸成する、その第一歩を導くことを願い、ここに日本語訳を世に問う。

訳者しるす

序章

　たった1枚の不具合報告書が、QAという役割に対する私たちの考え方を永遠に変えることになった。

　アンナ（Anna）がアナリストとして勤めていたのはスウェーデンのテック企業で、当時はグローバルで驚異的な成長を遂げていた。アンナがさまざまな国の指標（メトリクス）を比較したところ、インドネシアでの導入率が他の東南アジア諸国に大きく遅れをとっているようだった。

　最初は特に気にならなかった。それぞれの国に固有の問題はつきもので、分析やモニタリングツールを使えばたいてい解決できた。他の問題とは違うだろうと考える理由はなかった。

　アンナはプロダクトチームとエンジニアリングチームに情報連携し、問題を調査してもらうことにした。しかし、コンバージョン率［訳注：Webサイトを訪れたすべてのユーザーのうち、ユーザー登録や商品の購入など、会社の利益につながる行動を取ったユーザーの割合］を向上させるさまざまなアイデアをA/Bテスト［訳注：スプリットテストとも呼ばれ、異なるバージョンのプロダクトを同時期に顧客に提供し、反応の違いを検証する手法］で試し始めても、何の改善も見られなかった。

　アンナは私たち［訳注：Global App Testing社、以下GAT社］に、インドネシア向けにローカライズ［訳注：現地の言語や文化に合うように修正すること］された機能テストを実施するよう依頼した。自分たちでは見つけられない何かが見つかるか、確認しようとしたのである。インドネシアに住むGAT社の現地テスターがアプリケーションのテストを実施したところ、おかしな部分が見つかった。起票された不具合報告書には、サインアップ（ユーザー登録）の画面で姓（Last Name）フィールドが必須入力になっていると指摘されていた。

　精査され、不具合であると確認されたバグのリストに「姓が必須入力になっている」という指摘が含まれていることの意味が、アンナにはわからなかった。ユーザーが姓を入力しないなんてことがあるのか？　世界中の何百万ものユーザーが毎日新しいアカウントを登録しているときに必ず姓を入力しているのに、インドネシアではなぜ問題として挙げられるのだろうか？

アンナが調査を進めたところ、これがたいへん大きな問題だとわかった。後になってから私たちに語ってくれたのだが、インドネシアでは人口の 40% 弱が姓を持たないのだという[1]。

17,000 もの島々に 300 以上の異なる部族が暮らし、さらに数百年という植民地化・宗教・政治という歴史の移り変わりがもたらした実状である。姓を持たないインドネシア人が姓の入力を求められたとき、テクノロジーに明るい人たちはアスタリスク（＊）やドット（.）を入力フィールドに入れて問題を回避していた一方で、そうではない人たちは先に進むのをやめていた。

調べれば調べるほど姓の入力フィールドが問題であると確信を深めたアンナは、チームと情報を共有して修正した。インドネシア版のプロダクト［訳注：Web サイトやアプリケーションなどを含むソフトウェア製品］ではサインアップ時に姓の入力を必須としなくなった。

この修正を行うと、信じられないことが起こった。導入率が急上昇し、インドネシアが東南アジアのどの国よりも多くのユーザーを獲得するようになったのである。

1 つのバグを修正したことで、2 億 6,200 万人のマーケットが開放されたのだ。

同社は何ヶ月もこの問題に悩まされ、スウェーデンのチームは社内のデータを見て頭を抱えていた。姓という複雑でもなんでもないものが問題になるとは考えてもみなかったし、ましてユーザーの導入を阻害する最大の要因になるなどとは夢にも思わなかった。だが、現地テスターが指摘したバグは、インドネシア人にとって明らかな欠陥だったのだ。

この話をすると「どうして企業はこんなに簡単なことを見逃すのか」と時々聞かれる。規模の大小を問わず、ペースの速い組織では、単純なことがよく見過ごされるものだ。

この発見が彼らが求める成長につながったのは確かにすばらしいことだった。しかし、それ以上に強いインパクト（影響）があったのは、アンナの会社の上層部が初めてテストがもたらす価値に気づいたことである。

アンナの会社がたどったプロセスを目の当たりにした私と共同創業者のオワイスは、大きな衝撃を受けた。テストがビジネスの成長に与える、測定可能なインパクトを与える様子を目撃したのだ。これが例外的な事象なのか、それともそうではないのかを知りたくなり、私たちはクライアント（顧客）や、テストおよびテクノロジーのプロフェッショナルとの人脈を通じて他の事例を探した。

その結果、いかに品質をリードするかを考えるときの私たちの着眼点が大きく変わることになった。品質チームを活用してビジネスの成長を加速させるにはどうしたらいいかを理解したリーダーたちは、同じような戦略・アプローチを取っていた。アンナの件は氷山の一角にすぎなかった。

さらに掘り下げていくと、インタビューに応じてくれたリーダーの多くが語ってく

れたのは、品質の状態が一見悲惨な状況下でどうやってそれを好転させるかだった。彼らのストーリーはオワイスと私の心に響いた。とりわけ、QA で非常に苦労したことが思い出されたのだ。私たちの以前の会社は、適切な QA を行わなかったために失敗した。

失敗したスタートアップが教えてくれた、QA の可能性

　一晩かけて数字を見直した私は、先行きは絶望的という結論で頭がいっぱいになった。生き残るためにピボット［訳注：ビジネスを軌道修正するために企業経営や事業戦略を転換すること］の必要に迫られていたのである。

　私たちは PS Beauty という美容業界向けの検索エンジンを開発するのに、シードマネー［訳注：新しいビジネスを立ち上げるための資金］のほとんどを投入していた。オフィスはロンドンにある隙間風が入ってくる粗末な倉庫で、寒すぎるので手袋をしてタイピングしなければならなかった。この苛烈な環境に耐えられたのは自分たちの手で会社を立ち上げているのだと興奮していたからで、しばしば、仕事に夢中になりすぎて食事を忘れた。何も問題はなかった。夢を見て、ハイになっていたのだ。

　しかし、ゼロからグローバル規模の検索エンジンを開発することは、それまで立ち上げたどの会社よりもはるかに複雑だった。ビジネスを軌道に乗せるための数々の試みを思い返してみると、あれは「炎上時代」だったと思う［訳注：一般にはブログや SNS（ソーシャルネットワーキングサービス）上の投稿に対して非難が殺到することを「炎上」と呼ぶが、ここでは多数のバグが発生するプロダクトを無理なスケジュールで修正しリリースすることを繰り返す「炎上プロジェクト」を指す］。毎日走り回って火が広がらないようにしつつ、顧客の前では何事も起こっていないかのような顔をしていた。

　「炎上」の中で最もフラストレーションがたまったのは、ソフトウェアのバグの多さだった。オワイスと私がバグを見つけ、エンジニアもバグを見つけ、顧客もバグを見つけていた。品質に関わる問題はただの問題ではなく、会社を潰しかねないものだと理解するのに時間はかからなかった。顧客はアプリケーションの問題のせいでいら立ち、ついにはアプリケーションを使わなくなってしまった。シームレスな［訳注：接続やデータ連携がミスなく円滑に行われる］使いやすさという顧客の期待に応えられない品質の悪さが、ついには会社の首を絞めた。

　PS Beauty の経験から得た教訓は、ソフトウェアの問題というものが単なる不便さだけを示しているわけではなく、アプリケーションやプロジェクト、さらには私たちのように会社を倒産させてしまうものだということだった。

　私たちが GAT 社を設立したのは、私たちのスタートアップ［訳注：業界構造や人々の生活など、世の中の仕組みを大きく変える可能性に満ちた革新的・破壊的なイ

ノベーションを軸としたビジネスに取り組む新規事業会社のことで、そのほとんどが最先端の IT（Information Technology：情報技術）を応用している］を潰したのと同じ問題に他の組織が対処できるようにするためだ。自社の顧客だけではなく、他の企業についても同じことが言えるのだが、主要な課題の 1 つはテストに対する考え方だ。なにせ、私たちは QA への取り組み方が原因でプロダクトが失敗していくのを実際に目の当たりにしてきたのだ。

　会社が大きくなるにつれて、幸運にもさまざまな企業と一緒に仕事をしたり、顧客企業の内部で時間を過ごしたりする機会に恵まれるようになった。企業のリーダーにとって、品質という側面から、どんなことがうまくいき、どんなことが失敗するのかを見てきた。私たちがよく聞かれ、ほぼ毎日答えていたのは「QA 戦略はどうあるべきか」という質問だった。なので、自分たちの考えを本書をまとめるのに、そう時間はかからないだろうと思っていた。

　それなのに思いがけず、本書を執筆する旅に 2 年半を費やした。Airbnb 社、Blackboard 社、Dell 社、Atlassian 社、Reddit 社、さらにその他のテクノロジー企業などで活躍している世界トップレベルのエンジニアリングリーダー・プロダクトリーダー・QA リーダーたちに会い、合計 120 回のインタビューを行った。

　テスターをはじめとする品質プロフェッショナルのハッカソンスタイルのイベントである Testathon® を 60 回以上開催し、テストのコミュニティーで時間を過ごしてきた経験を通じて、オワイスと私はアイデアを広げ、磨くことができた。

　本書の執筆を終えるにあたって「私の QA 戦略はどうあるべきか？」よりもはるかに深い問いがあることに気づいた。その問いとは、すなわち「どうすればよりうまく社内で品質をリード（lead）できるか？」である。

品質リーダーシップは品質コミュニケーションから

　エンジニアリングや品質の責任者は、技術的な話はうまくできる。テスト活動についてや、開発プロセスの最適化をどのように計画しているかなどの説明はちゃんとできるのだ。他方で、残念なことに、顧客に対して提供する付加価値やビジネスの成長に向けてどう貢献していくかを明確に示すことは、ほとんどできていない。優れたリーダーになるためには、この 2 つの要素が品質とどのように関係しているかを理解し、伝えることが大事だ。

　しかし「品質（quality）」という言葉は混乱を招く可能性がある［訳注：厳密には、品質と Quality（クオリティ）も異なった意味合いを帯びている］。品質とは何か、私たちはみな知っているような気がしている。それが大事なものだということはわかっている。ただ、品質とは何かを定義することは、決して簡単な話ではない。信頼性や効率性が品質であると思っている人もいれば、目的への適合性や使いやすさを意味す

ると思っている人もいる。実際、品質の定義は 1 人ひとり違う。

　品質の定義をいろいろと見てみると、誰もが同意していると思われる要素が 2 つある。

1. 品質は主観的なものである。その時点でプロダクトを使っている人が決めるものだ。
2. 品質は相対的なものである。時間の経過とともに変化する。

　品質を定義することがなぜ難しいかというと、人によって定義が異なり、時代の流れで刻々と変わっていくからだ。これを最もうまく表現しているのがマイケル・ボルトン（Michael Bolton）の「品質は、ある時点で、それが問題となる誰かにとっての価値である（Quality is value to some person, at some time, who matters.）」という言葉だ[2]。

　たとえば、私たちが最初にインターネットを手に入れたときのことを考えてみよう。ページがロードされるまで 5 分かかったが、コーヒーでもいれながら喜んで待ち、ページを読み進める準備ができてから腰を落ち着ければよかった。今日ではページの読み込みは一瞬で終わるのが当たり前になり、時間がかかるようだとイライラする。

　また、昔はソフトウェアが日に何度かクラッシュしたり、Windows の「死のブルースクリーン」に対処するのも、普通のことだった。いら立ちはしたが仕方がないので我慢していた。今やクラッシュなどしようものなら、競合他社が出す似たようなプロダクトを代わりに使い始めるだけだ。品質に対する私たちの期待とトラブルに対する寛容さは、時代とともに変化している。

　Amazon.com 社を創業したジェフ・ベゾス（Jeff Bezos）は、2018 年に発行した株主への年次書簡[3]で、同社の成長の鍵は顧客の絶え間ない強迫観念にあると語っている。ベゾスによると、顧客は常に「神がかり的な不満（divinely discontent）」を抱えている。顧客の期待は常に変化し、ニーズは永遠に膨らみ、重要視するポイントはいつも動いている。今持っているものより良いものを、いつでも求めているのだ。

　これが、品質という言葉のエッセンスである。何もかもが変化していくので定義は難しい。だが、そこにソフトウェア開発が品質を捉えるチャンスがある。顧客の期待という動くゴールポストに常に追いつこうとすることで、より良いソフトウェア・より高品質なソフトウェアを継続的に提供できるのだ。

　企業が生きるも死ぬも顧客が思う品質に左右されるという考え方を受け入れ、それを金科玉条としているリーダーは適応し、顧客とともに成長していくだろう。機能性や品質の内部的な定義にこだわっていては……そうはいかないだろう。

本書で何が学べるか

　企業で品質をリードする責任者はさまざまで、重点的なミッションとして CEO（Chief Exective Officer：最高経営責任者）が手がける企業もあれば、VPoE（Vice President of Engineering：エンジニアリング部門責任者）や QA ディレクター、プロダクトオーナー［訳注：アジャイル開発のフレームワークの 1 つ「スクラム」で定義される、プロダクトの価値の最大化に責任を持つ役割］、あるいはリーダーシップを発揮する役割を与えられていない一般社員が担当することもある。

　ご自身のリーダーシップスキルを次のレベルに引き上げたい事業責任者や部長級の方、あるいは、C レベルのエグゼクティブで一段高い品質のプロダクトを会社にもたらす方法を理解したい方、また、会社で卓越した成果をあげるにはどうしたらいいか知りたい IC（Individual Contributer：技術に特化したベテランのエンジニア）など、どのような方でも、本書の 3 つのセクションから何かしら学ぶものがあるだろう。

セクション I：品質リーダーになるには

　このセクションでは、社内での品質の扱われ方・捉えられ方に影響を与えるにはどうしたらいいかが学べる。会社のすべての階層が一貫して、ユーザーにすばらしい体験価値を提供するために認識を揃えられるようにする。こうすることでチームの連携が密になり、さらに多くのインスピレーション（ひらめき・気づき・学び）を得られるようになるし、より短い時間で経営陣やチームメンバーの合意を得られるようになるだろう。読者の中には、品質に投資する意義を経営陣が理解していないとか、社内で品質の重要性が認識されていないと感じている方もいらっしゃると思う。本書で提供しているフレームワークは、最高のリーダーが企業において品質への考え方や語り方に影響を与えたりリセットしたりするために使われているものだ。

セクション II：戦略的に品質の意思決定を下す

　このセクションを読むと、品質戦略を策定する際に自信を持って大きな意思決定を下せるようになる。最も成功しているリーダーが意思決定の際に使う経験と思考のフレームワークを通じて、プロダクトが進化していくのに伴って何を考えなければならないかを見ていく。さまざまな戦略的アプローチが持つ難しさ・要因・結果の背後にある要因を理解することで、リーダーとして戦略を改良できるようになる。

セクション III：成長を加速させるチームにする

　本書の最後のセクションでは、組織が重視している最も影響度の高い活動にチームが集中するための手法を提供する。優れたリーダーが品質チームを通じて会社の成長を加速させるのを、私たちは見てきた。品質戦略を上手に設定してチームに伝えることができれば、あなたは注目されるだけでなく、キャリアを変えることができるかもしれない。

　読者が目にすることになるリーダーシップの考え方・手法・フレームワークの効果はお墨付きで、世界中の一流のエンジニアチームに影響を与え、結果を生み出してきたものだ。過去2年半にわたる調査やインタビューが3時間で読めるように凝縮されたものが本書である。

　当たり前のようだが、最も成功しているリーダーは自己研鑽のために凄まじい努力をしている。読者であるあなたがこれからリーダーになりたいと思っている方でも、品質に長年携わっているベテランであっても、本書から何かしら新しい、品質に対する見方や推進の仕方を変えるための気づきが得られるだろう。

セクション1

品質リーダーになるには

第1章

品質と価値

「品質に関わる大規模改革は経営層の参加なくして成功しない。例外はない。」

— ジョセフ・M・ジュラン（*Joseph M. Juran*）『*Juran's Quality Handbook*』著者

　第二次世界大戦中、イギリスでは製造中の爆弾が工場内で爆発するという問題があった。そこで英国防衛省は全工場に爆弾の製造工程を文書化するよう義務づけ、省が認証を与えた検査官を現場に配置してその基準が守られているかどうかを確認した。これが「品質基準」に向けた動きのきっかけとなった。

　問題はほどなく解消され、工場での暴発は無くなった（少なくとも、はるかに減った）。だが、その対処法は別の重要な問題、すなわち、想定されたとき（標的に投下されたとき）に爆弾が爆発することを保証するものではなかった。より質の高い爆弾を作る方法はなかったのだろうか？　いずれにせよ、品質という言葉は内部検査だけを意味し、価値（value）には光が当たらなかった。

　品質基準が次に大きく飛躍したのは、戦後の日本という想定外の場所だった。

　戦後に日本の指導者たちが目を向けた完成品の製造と輸出は、荒廃した経済を迅速に再建する手段として捉えられていた。しかし、彼らは品質基準をさらに高めて「リーン生産」という製造工程内の無駄をなくすための体系的な方法や「カイゼン」という継続的に工程を改善するアプローチなど、新しいアイデアを生み出した。こうした考え方は生産ラインを通る作業の流れとプロダクトの品質に着目したものだった。

　ここから生まれたのが、品質という概念を刷新した TQM（Total Quality Management：総合品質経営）である。ただ生産工程に焦点を合わせるのではなく、TQM は品質を「顧客への価値提供」と定義した。[訳注：前身である TQC（Total Quality Control：総合品質管理）を継承・発展させた TQM は、製造業や建設業などで現在でも議論・活用されている。]

　品質マネジメントの父の1人で、Apple 社のスティーブ・ジョブズ（Steve Jobs）の
メンターを務めていたジョセフ・M・ジュラン（Joseph M. Juran）は自著『Juran's
Quality Handbook』（未邦訳・1951）で「顧客（customer）」という言葉を 578 回
使った。競争優位を求める企業にとって、リーン製造プロセスや生産に最適化された
インフラを持つことは最低限必要なことだった。ジュランが強調するところの品質を
通じた価値を提供するにはどうしたらいいか、各社がさらに追求し始めた。

歴史は繰り返す

　ソフトウェア業界が黎明期にあった頃のエンジニアは、自分たちの仕事を、リー
ン開発やカイゼンから分岐したベストプラクティスの製造手法をベースにモデル
化した。こうしたプロセスが発展し、現在アジャイル開発・リーン原則・DevOps
［訳注：「デブオプス」と読む、共通の成果を目指して開発（Development）と運用
（Operation）を1つのチームで行う手法］と呼ばれるものになっている。こうした方
法論は、それ以前の製造手法のように、開発プロセスを通じてコードの流れを改善す
ることに重点を置いている。開発スピードが信じられないほど改善され、ソフトウェ
ア企業がプロダクトを市場にデリバリー［訳注：商品を顧客のもとに届けることを指
し、ソフトウェア開発では最新版を本番環境にリリースして顧客が利用できる状態に
すること］するまでの時間は短縮された。

　しかし、スピードアップには代償があった。ソフトウェアを高速にデプロイ［訳
注：ソフトウェア開発の用語で、元は兵隊を戦場に展開することを指したが、転じて
現代ではソフトウェアを顧客に提供すること、および、そのプロセス］するからと
いって、必ずしも品質が向上するわけではなかったのだ。とある DevOps コンサル
タントいわく「品質を考慮しない継続的デプロイメントなど、顧客にひたすらバグを
提供しているようなものだ[4]。」

　テスト実行プラットフォームを提供する Sauce Labs 社は技術者向けの調査のスポ
ンサーとなり、デプロイの速さについて問いかけた。「デプロイをより速くしたいで
すか、今の速さを保ちたいですか、それとも、遅くしたいですか？[5]」

　2016 年には遅くデプロイしたいと答えた人はおらず、54% がより速いデプロイを
望んだ。2017 年に発表された同じ調査では興味深いことが起こった。より速くデプ
ロイしたいと答えた人が 43% に留まり、6% がより遅くデプロイしたいと答えた。そ
して 2018 年には、9% がより遅くデプロイしたいと答えたのだった[6]。

どれだけ速くデプロイしたいですか？			
	より速くしたい	今の速さを保ちたい	より遅くしたい
2016	54%	46%	0%
2017	43%	50%	6%
2018	44%	49%	9%

　レポートではこの結果について「おそらく開発組織がスピードを志向しすぎて崩れた品質とのバランスを、再度戻す必要があると考えているのだろう」と分析されている[7]。

　製造業が歩んできた道のりと同じで、スピードの最適化だけにすべての努力を集中しても、本当に必要となる長期的なメリットは得られない。QA をより良いものにするとは、単にボトルネックを取り除けばよいということではない。それは「顧客に品質を提供する」ことでなくてはならない。

粗悪な品質が傷つける 3 つの C

　品質がお粗末だったために企業が支払ったコストを合わせると、2017 年は約 1.7 兆ドル（約 200 兆円）と算出されている。これはその年のカナダの GDP に匹敵する金額だ[8]。粗悪な品質が世界に与えるインパクトが世界第 10 位の国の生産高に匹敵するという事実は、問題のスケールを強調している。問題をもっと小さなスケールで考えてみよう。ソフトウェアに不具合が発生したときに最初にインパクトを受けるのは、普通は顧客（Customer）だ。顧客が問題を被ると会社（Company）に影響を与え、会社の問題はあなたのキャリア（Career）に影響を与える。

　ここでは、この「3 つの C」に着目しよう。

　スマートフォンのアプリケーションが動かなくなったり、金融機関のシステムが「不明なエラー」を起こして取引が完了しなかった経験が誰にでもあるだろう。そんな腹立だしいことは起こらないのが一番なのだが、もはやよくあることを通り越して、ユーザーも慣れっこになってしまっている。

　最悪のケースを想定してみよう。バグが利用者の生命に関わることもありえる。イギリスの国民健康サービスのソフトウェアに混入していたバグのせいで、30 万人の患者の心臓発作のリスクレベルが誤って算出されたことがある。医療現場では重篤な副作用のある薬を処方されたり、逆にリスクを過小に見積もられたりした結果、防げたはずの心臓発作や脳卒中を引き起こす患者もいた[9]。

　バグがもたらす影響はソフトウェアの使用者だけにとどまらない。American Airlines 社（アメリカン航空）に次のような事例がある。年末年始のスケジュールを管理するソフトウェアにバグがあり、パイロット全員がクリスマスに休暇を取れる状態になってしまっていた。そのため 15,000 本以上のフライトにパイロットを割り当てられなくなってしまったのである。このバグのせいで、故郷に向かう帰省客はもちろん、休暇の計画をキャンセルして仕事に戻らざるを得なかった数千人ものパイロットたちやその家族が甚大なストレスを受けた[10]。企業がお粗末な品質で被った被害には、誰でも調べれば見つかるよう公開されているものもある。アメリカン航空の被害は、欠航便が運行されていたら得られたであろう潜在的な収益と、休暇を取るつもりのパイロットに仕事をしてもらうために通常の給金の 150% を上乗せして支払われた時間外勤務のコスト、そしてマスコミがおそるべき速さで広めたブランドイメージの失墜だった。

　だが、それよりも深刻なダメージにつながるのに見逃されがちなのが、品質の悪さが社内にもたらす影響である。とある企業では QA が機能不全に陥っていたが、部門長がプロダクト品質に深刻な問題があるとわかっていてなお、リリースを強行し続けた。ソフトウェアエンジニアは常にコードベースを作り直さなくてはならず、新機能開発の代わりにバグ修正に追われ続けるという無限ループから脱出できずにいた。

　失敗が見えているプロジェクトのためにチームが長時間労働（デスマーチ）を強制されていると感じる環境で働きたい人なんていない。そのような環境ではエネルギー・創造性・モチベーションがチームから失われる。また、このような状況ではいくらマネジメントをしても悪循環、すなわち、すばらしいチームメンバーを失い、残ったメンバーもフラストレーションを溜めて幻滅してしまうという悪循環に陥りかねない。

　誰しも、人を助けたり、現状を打破したり、少なくともある種の堅実的な価値を提供する、立派で革新的なプロダクト作りに参加したいと思っているのであり、使い物にならないプロダクトを作りたいわけではない。

　自社のソフトウェアの問題点をマスコミが強調しているのを眺めて、社内の最高の人材を失ってしまうのではないかと思い悩んでいるような状態では、リーダーになったところで、あなた個人の幸せやキャリアのすばらしい青写真など描きようがない。

　サブプライムローンの貸し手である Provident Financial 社の CEO がソフトウェアの不具合を発表したときには、期日通りに回収できたローン債務は半分強しかなかった。株価は 1 日で 74% も暴落し、CEO はその後まもなく辞任した[11]。

　QA が機能していなかったせいでかかったコストが世界中でどれだけになるかを概算したレポートで、ある調査回答者が次のように述べている。

　私が知っている CIO（Chief Information Officer：最高情報責任者）は全員、
取締役会に報告される大規模プロジェクトを抱えていた。そうしたプロジェク
トではリリース日にクリティカルな不具合が見つかり、プロジェクトの大幅な
再設計に数千万から数億ドルのコストがかかり、スケジュールが大幅に遅延
し、信頼は大きく損なわれた[12]。

　そのようなプロダクトや機能の担当者だったらどうだろうか。取締役会議で上長や
議長の前で、開発やテストに何千時間も投入したにもかかわらず、なぜこのような重
大な設計上の欠陥が見落とされてしまったのかを説明する姿を想像してみてほしい。

　粗悪な品質が顧客・会社・キャリアの 3 つの C に与える影響が甚だ大きいことが
わかるだろう。品質リーダーとしての責務は、チームや同僚のガイドとなって 3 つの
C に良い影響を与えるよう促すことなのだ。

品質づくりの基礎を据えよう

　当時 1,030 万ドルと評価されていた uSwitch 社の CTO（Chief Technical Officer：
最高技術責任者）にマイク・ジョーンズ（Mike Jones）が就任したとき、彼はそれま
でチームが築いてきたプロダクトを細部まで知ろうとして……やめておけばよかった
と思ったという[13]。

　悲惨なありさまであった。

　uSwitch 社は、ユーザーが電力会社を比較して別の電力会社に切り替える支援を事
業としていた。スタートアップだった同社が 9 つの異なるエンジニアリングチームを
擁する大規模な組織に成長していくうちに、社内のワークフローは機能しなくなって
いった。プロダクト開発に一丸となって邁進することもなくなり、品質はマイクが考
える水準に満たなかった。

　彼がチームに投げかけた最初の質問は「我々が動かそうとしているのはどのビジネ
ス指標だろうか？」だった。そして、誰もその答えを知らなかった。［訳注：「指標を
動かす（move metric）」という言葉は日本語ではなじみがないが、業務を通じてビジ
ネスの成否を測る指標に良い影響をもたらすことを表している。］

　マイクが言うには、チームは結果ではなく、プロセスに囚われていたのだった。

　複数のビジネスを立ち上げた経験から、チームを前進させるには 1 つか 2 つのビジ
ネス指標だけに集中させるのが最善だとマイクは知っていた。

　最初のステップは、企業の成長に最も大きなインパクトを与えるビジネス指標が何
かを特定することだった。顧客が uSwitch 社のプラットフォームを利用して電力会
社を切り替えるたびに収益が発生することから、彼は成長指標を「ユーザーが電力会
社を切り替えた数」に設定した。

　ビジネス寄りの KPI（Key Process Indicator：重要業績評価指標）に注力することにプロダクトのチームが慣れていた一方で、エンジニアリングやテストのチームはマインドセットを大きく変えなくてはならなかった。自分たちの仕事がそのような上位の（現場から離れた）指標で測られることに慣れていなかったし、直接的にその指標に対してどういうインパクトが与えられるのかもわからなかった。だが、マイクは諦めなかった。「どうすればより多くのユーザーが電力会社を切り替えるか？」という問いが、すべてのビルド［訳注：人間が書いたソースコードをコンピューターが実行できる形式に変換すること、および、変換後の生成物であり、開発プロセスの成果物］やフィーチャー、バグチケットの優先度を決めるようになっていった。

　「ユーザーが電力会社を切り替えた数」という指標がチームの考え方を変えてから、uSwitch 社のビジネスは急激な成長を遂げた。1,030 万ドルだったビジネスは 5 年間で 2 億ドル以上で買収されるまでに成長した。

　マイクは CTO として、伝統的なアプローチを選んで自身の役割であるエンジニアリングだけに集中することもできた。だが、その代わりに彼と彼のチームが集中したのは、ビジネス価値を最大化し、ユーザーがプロダクトを最大限に活用できるようにすることだった。このように集中することで、何が重要なのか、何に力を入れるべきなのかを明確にでき、結果として、より質の高いプロダクトとより高い価値をエンドユーザーに提供したのだ。

　電力会社を切り替えるユーザーが増えるにつれて、uSwitch 社も成長した。プロダクト開発に携わったエンジニアリングチームと品質チームは、自分たちの仕事が 2 億ドル以上の価値を持つビジネスへの成長に、いかに直接的に影響したかを目の当たりにした。「3 つの C」のすべてが改善されたのである。

　ソフトウェア開発のリーダーは、過去には自身の役割を技術領域のみに絞って捉えていた。だが、今はちょうど製造業の TQM がそうであったように、ビジネスの成果にフォーカスして「顧客への価値提供」というポイントに経営者の目を向けさせるようになってきているのだ。

　第 8 章で扱うが、品質チームの働きをビジネスの成果に結びつけ始めると「3 つの C」への効果が現れてくる。顧客はわずらわしいトラブルがずっと少ないソフトウェアを活用し、最大の価値を享受できることで幸せになり、会社はコアとなる成長指標が継続的に伸びていき、あなたとあなたのチームはその成功に大きく貢献したと評価されるのだ。

第 1 章のまとめ

- 歴史は繰り返す。製造業はまずスピードという最適化を重視し、それから品質を通じて顧客価値を重視するようになった。ソフトウェア開発でも同じことが起こっている。

- 粗悪な品質は顧客・会社・あなたのキャリアという「3 つの C」に悪影響を及ぼす。

- 「3 つの C」に良い影響を及ぼすために、ビジネスの成果と顧客価値に焦点を当てよう。

第2章

3つの品質ナラティブ

「もし人々の信仰と行動に根本的な変化を……（中略）……もたらしたいのなら、新たな
信仰が実践され、表現され、育まれるような共同体を創設する必要がある」

— マルコム・グラッドウェル（*Malcolm Gradwell*）『ティッピング・ポイント』
（高橋啓［訳］飛鳥新社・*2000*）

　リーダーが変革を起こすときに、それを阻むものの1つが、組織にすでに存在する
品質文化である。

　著者である私自身、エンジニアとしてのバックグラウンドを持っており、以前は
「文化」という言葉が好きにはなれなかった。ビジネススクールで習う、現実味の薄
い専門用語のように感じられることもあった。同じように感じるエンジニアリング
のリーダーは珍しくない。WP Engine 社の創業者で CTO のジェイソン・コーエン
（Jason Cohen）は、文化がいかに重要かを理解し始めた瞬間のことを次のように述
べている。

> 　会社の成功を左右する要素が、もしかしたら1日に書くコードの量のほかにも
> あるのではないかと考えさせられました。それで、文化というものの本質は、
> どんな立場であろうと誰もがその企業の文化を宿していることだとわかったの
> です。疑り深いエンジニアタイプの起業家が「文化とかいう曖昧なものに、気
> にする価値などみじんもない。結果とパフォーマンスがすべてだ」と言い切っ
> ているとしても、その発言こそが文化を表しているのです[14]。

　あることを他のことよりも大切にすると言っているのである。

　だが、文化の重要性を理解していても、それを具体化するのは難しい。私たちは、
組織の品質文化をより簡単に語るために便利な言葉があることに気がついた。それが
「品質ナラティブ（Quality Narrative）」だ。

　品質ナラティブとは、企業で品質について考えたり話したりしている、その「語られ方」だ。ジェイソンが述べたように、その存在を知っていようといまいとナラティブは存在し、企業の品質文化に日々影響している。

　自組織のナラティブを明晰に理解すればするほど、組織に変革をもたらし、目標を達成するために、どのようにナラティブを調整する必要があるかを楽に考えられるようになる。

　さまざまな企業で観察と対話を行ってきた経験から、主に3タイプのナラティブが存在するとわかった。

- 責任ナラティブ（**The Ownership Narrative**）：誰が品質に責任を持つかが考えられ、語られている
- テストナラティブ（**The "How to Test" Narrative**）：品質向上につながる正しいテスト技法はどれか・どのツールを使うべきかが考えられ、語られている
- 価値ナラティブ（**The Value Narrative**）：品質に投資した場合の見返り（ROI：投資収益率）が考えられ、語られている

　組織における品質リーダーとして重要なのは、どのナラティブが自分たちを目標から遠ざけているのかを認識し、手を打てるようになることだ。3つの品質ナラティブをそれぞれ深掘りしてみよう。

責任ナラティブ

　責任ナラティブは基礎レベルのナラティブだとよく言われる。品質に関する責任の所在が明確化されていれば、組織全体で品質への関心が高まり、あまり摩擦を起こすことなく品質向上の変革を推進できる。

　過去に品質について語られたとき、責任ナラティブでよくフォーカスされていたのは、テストチームやエンジニアリングチームが品質の責任を担うということだった。だが、組織の全員に役割がある。ワンチームとして取り組むことの重要性はいくら強調しても足りないほどだ。

　Snapchat 社を例に挙げてみよう。2017 年 2 月、このソーシャルメディアアプリケーションは圧倒的な IPO のプレッシャーで袋小路に追い詰められていた[15]。成長は失速しており、多数の新規ユーザーを獲得すべく進めていたプロジェクトは、達成目標の 3 分の 1 という結果に終わった。

　成長の鈍化は、Android アプリケーションが抱える問題から始まっていた。Google Play ストアのレビューはアプリケーションの不具合のひどさを訴える苦情でいっぱいだった。Reddit ではユーザーが、なぜそんなにボロボロなのかと追及していた。

　私たちの経験と外からの観測を踏まえると、彼らの Android アプリケーションの

品質問題はテストチームの仕事ぶりとは関係がなかった。では、経営陣の決断が原因だったのだろうか。その前年、CEO のエヴァン・シュピーゲル（Evan Spiegel）は Android アプリケーションよりもユーザー 1 人あたりの収益が高いはずだと踏んで、iOS アプリケーションの開発を優先するようチームに指示した。最適な戦略的判断だったとは言えないだろう。Android は世界で 25 億人、実にモバイル端末利用者の 77% を占めていたのだから。この時期に Instagram は Snapchat に不満を持つ膨大なユーザー層を獲得し、プレーヤー不在だった市場を席巻した。

　Snapchat 社が採った戦略の結果の良し悪しは問題ではない。むしろポイントは、経営陣がソフトウェア品質に影響を与えうることだ。どこにリソースを投資し、組織内でどのようにコミュニケーションをとるかといった意思決定が、品質を左右することがあるのだ。

　ソフトウェアが構想段階から製品化に至るまでの間に、さまざまなチームのたくさんのメンバーがプロダクトの品質に直接関わっている。プロダクトマネージャーは意図したものが最初に構築されていることを確認し、デザイナーはソフトウェアがエンドユーザーにとって直感的に使えるものであることを確認し、エンジニアはプロダクトを開発し、テストチームはプロセス全体を通じて品質への取り組みをサポートする。しかし、この一連の流れの外から、別のチームが品質に関わる重要な役割を果たしている。

　たとえば、カスタマーサポートはどうだろう。HubSpot 社で CPO（Chief Product Officer：最高プロダクト責任者）を務めたデビッド・キャンセル（David Cancel）は『HYPERGROWTH』（未邦訳・2017）で次のように書いている。

> HubSpot 社では、こんな感じでサポートチームに声をかけていました。「やあ、サポートチームが一番多く目にしている問題を修正したいんだ。絶対にやりきるって約束するから、ぼくたちが集中して解消するべき問題を整理して優先度づけをしてくれないか」……電話サポートのオペレーターたちが対処していた問題のほとんどは UX に関するものでした。

　組織における品質リーダーとして、サイロ化は避けねばならない。すなわち、テストチームやエンジニアチームだけが品質の責任を持てばいいわけではなく、むしろ、責任ナラティブを広げて、高品質なプロダクトを確実にリリースするために全員が自身の役割を理解できるようにしなくてはならないのだ。複数の部門が影響する KPI を前進させる最善の方法は、本書で「品質チーム」と呼ぶ、自律的なクロスファンクショナル（機能横断的）チームを組織し、実行力を持たせることだ。高品質なプロダクトを作るためにチーム間の相互作用がどれほど機能しているかを認識することが、責任ナラティブのエッセンスである。

　品質は組織の全員で創造するものだ。だからこそ、単にテスト作業をこなせば品質

が上がるという話ではない。むしろ、品質向上とは、組織のアイデンティティーと文化に欠かせない要素でなくてはならない。

テストナラティブ

QA界隈で最もよく語られているのが、このテストナラティブだ。この言葉は品質向上のための戦略・戦術・ツール・サービスといったものすべてを指している。このナラティブでうまくいかなくなるのは、次のような場合だ。

まず、チームが「銀の弾丸」［訳注：フレデリック・ブルックス（Frederick Brooks）が1986年に書いた論文『銀の弾などない──ソフトウェアエンジニアリングの本質と偶有的事項』（滝沢徹ほか［訳］丸善出版・2014に収録）で述べられている、どんな課題も解決する魔法のような解決策のたとえ］を求めるようになり、ある特定のテスト技法やツールさえあれば、品質を向上させられると錯覚してしまう場合である。チェスやサッカー、ピアノなど、どんなものでもそうだが、やり方がたった1つなんてことはない。

テストのやり方についても同じことが言える。これさえやれば他はいらない、などという方法はない。あるテストタイプだけに固執したり、品質課題をすべて解決する魔法のようなソリューションを求めてあちらこちらに飛びついている組織をよく見かける。しかし、私たちがこれまで一緒に仕事をしたりインタビューをしてきたあらゆる企業では、異なるアプローチを織り交ぜることが成功につながると証明されている。たとえば、ユニットテスト［訳注：単体テストとも呼ばれ、一般的にQAエンジニアではなく開発エンジニアがソースコードに対して実施する費用対効果が極めて高いテスト］と探索的テスト［訳注：テスト実施者が自身の経験と知識を元にバグが見つかりそうな部分を見定め、短時間で集中して動的に行う経験ベースのテスト」のような、異なるテストアプローチを併用すれば、幅広い観点から別々の情報を得られるからだ。こうして集めた情報のすべてが、より質の高いプロダクトを生み出すのに役立つのである。

次に、テストナラティブがよくない方向にいってしまうのは、テスト戦略が誰かの手による既存のものの猿まねにすぎないときだ。その戦略が立案されてから直面するようになった問題や限界については言うまでもない。

10人のエンジニアに同じ機能を実装するよう依頼したら、10通りのアプローチを目にすることになる。また、そのバリエーションに応じて異なったやり方のテストが必要になる。テストをどうやるかを考えるにあたって、チームの成熟度・インフラ・予算といったものを考慮しなければ、おそらく良い結果にはならないだろう。

マーティン・リーブス（Martin Reeves）は著書『戦略にこそ「戦略」が必要だ』（御立尚資ほか［監訳］日本経済新聞出版社・2016）で核心を突いている。「戦略とは

本質的に問題解決であり、最良のアプローチは直面する具体的な問題により異なってくる。いかなる環境にあるかが、求められる戦略アプローチを決定づけるのだ。」

どんなソフトウェアプロダクトなのか、どんなソフトウェア開発手法を採用しているのか、ユーザーからはどんな期待と要望を受けているか……このようなコンテキストを考慮せずにテストを考えているというなら、テストナラティブに欠陥がある可能性を疑うべきだ。

最高のテストナラティブは、次の 2 つのことに焦点を当てている。

まず、テストに関するさまざまなオプションや実現方法を明確に理解することだ。これがわかれば、各オプションの利点や限界、および、プロダクトに関するどんな情報が得られるかを評価できる。これにより、より良い戦略的な意思決定が下せる。

そして、チーム・プロダクト・組織の成熟度を明確に理解しよう。状況を把握することで選択肢が現在の開発段階に適しているかを確認できる。

時間の経過とともに、チーム・プロダクト・組織は変化・成熟していくものだ。したがって、テストナラティブも静的なものではありえず、やはり変わっていくのである。第 5 章でプロダクトの成熟度に応じて品質がどのように変化していくかを議論しながら、このコンセプトの詳細を見ていくことにしよう。

価値ナラティブ

テストナラティブが QA 界隈で最もよく語られているものだとすれば、価値ナラティブは逆に、私たちが十分議論してこなかったものである。このナラティブは、品質にフォーカスすることで企業にもたらす価値を扱っている。

品質やテストの重要性を否定する組織は、表向きにはほとんど存在しない。だが、もっと掘り下げて品質への投資をめぐる社内の会話を聞いてみると、品質を最大化すべき投資として扱う人と、最小化すべきコストとして扱う人との興味深い話が出てくる。ウォーレン・バフェット（Warren Buffett）の口ぐせのとおり「潮が引いたときにこそ、誰が全裸で泳いでいたかがわかる」のだ。

経営陣は品質への投資がもたらす具体的な価値を必ずしも納得しているわけではない。第 1 章で見た、アメリカン航空の休日スケジューリングのバグのような自社の品質問題が起きるまで、重大な経営課題であると気づかないことが非常に多い。

新しいスタッフの雇用・インフラの強化・ツールの導入・サードパーティーベンダーとの契約など、品質への投資はわかりやすくて目に見えるものだ。しかしその反面、顧客満足度の向上・社内業務の効率化・チームが費やす時間の短縮などといった結果の測定は必ずしも容易ではない。ROI（Return on Investment：投資収益率）を明示することは難しい。

　品質への投資がもたらす価値を議論する場合に重要なのは、3つの主要な分野である収益性・コスト削減・リスク軽減に焦点を当てることだ。

収益性

　もし彼らが見落としていたら組織がどれだけの収益機会を逃していたか、あるいは、品質のある角度に着目することでどんな収益性が見込めるか、といった側面から品質チームの成果を示したり説明したりする方法としては、次のようなものが考えられる。

　まず、企業のコアとなる成長指標を向上させる。第8章で説明するように、企業の成長に直結する中核的な指標に品質チームの焦点を合わせることで、全員が同じ判断軸を持てる。加えて、チームが取り組んでいる業務とビジネスへの貢献の相関関係がよりわかりやすくなる。本書のはじめに登場したインドネシアでの事例のように。

　次に、スピードを上げることで市場投入までの時間がどう改善されるかを説明する。たとえば、開発エンジニアがコードをコミットする前にユニットテストを行うことが社内で重視されている場合、品質プロフェッショナルはテストに集中する時間を確保できる。そのテストは、受け入れ基準に適合しているかをチェックしたり、アプリケーションがクラッシュするようなバグや基本的なエラーを見つけようと、開発エンジニアが自分たちで考えたハッピーパス［訳注：ユーザーが仕様通りにプロダクトを利用すると想定した、不具合が見つかる可能性が相対的に少ないユースケース］のテストではない。このことは最終的にビルドがリリース水準の品質により早く到達することにつながり、ビルドリビジョン［訳注：ビルドのカウント、ビルドを繰り返すと増えていく］やテストサイクルが少なくなる。しかしながら、このことを伝える場合、企業が市場投入にかける時間を改善できるという文脈で説明する必要がある。

　そして、顧客にもたらす追加の価値を示す。品質チームは、企業の成長指標に注目するだけではなく、顧客がプロダクトからどんな価値を受け取るのかにも細心の注意を払う必要がある。これにはオンボーディング［訳注：導入後すぐのプロダクトにユーザーが慣れて使いこなし始める時期］やエンゲージメント［訳注：顧客がプロダクトをどれだけ気に入って使っているかの度合い］、リテンション［訳注：既存顧客が競合ではなく自社のプロダクトを選び続けることや、一度離脱した顧客が再び戻ってくること、および、それらの行動を誘発する施策］が含まれる。こうすれば顧客がプロダクトを使い、将来的に購入してくれる可能性を高められる。

コスト削減

　品質プロフェッショナルがもたらす価値という観点でのコスト削減とはどのような
ものだろうか。次のように考えてみよう。

　チームの時間を金銭価値に換算するという考え方がある。品質に投資することでエ
ンジニアリングや社内のテストチームの生産性を最大化できる。これは、エンジニア
がコンテキストスイッチをしたり、機能を作り直したり、機能をリリースできるよう
にするためにスプリント（イテレーション）［訳注：アジャイル開発におけるプロダ
クト開発の期間の単位で、1 スプリントは 1 週間から 4 週間］を追加する必要がな
くなるからだろう。また、社内のテストチームが、テストケースの実行を自動化され
たプロセスやクラウドに任せられるようにもなる。［訳注：テストケースは、各テス
トを実施するにあたりテスト設計書に記載される。通常、1 つのテスト対象に対して
複数件のテストケースが起草され、それぞれのテストケースには条件・入力値・操作
手順・期待結果などが明記されている。テスト実行者はテストケースを一件ずつ消化
し、期待結果と等しい結果を得た場合には Pass（合格）、異なる結果を得た場合には
Fail（失敗）と判定する。］いずれにせよ、品質への投資がもたらすコスト削減効果
は、メンバー 1 人が 1 日あたりに節約し、その分、別のことに使える数時間として可
視化される。

　インフラにかかるコストの削減とも考えられる。こちらはより直接的に節約効果と
して現れる。たとえば、新しいテスト用デバイスを購入する必要があるとしよう。こ
のコストは、クラウドサービスやデバイスファームを利用することで削減できる。デ
バイスの購入費用という支出を節約できるのみならず、長期間にわたって社内資産と
してデバイスを維持したりアップグレードしたりといった必要もなくなる。

リスク軽減

　経営者が予算を増やして品質に投資する主な理由は、致命的な問題がプロダクトリ
リース後に発生するリスクを軽減するためであることが多い。テスト不足が原因で企
業イメージが失墜することなど誰も望んでいない。

　品質が価値の側面から語られるとき、リスク軽減にフォーカスされることが多い。
コスト削減の可能性に触れていることもあるが、残念ながら収益性が強調されている
ことはほとんどない。

　まず収益性を考えて議論し、それからコスト削減やリスク軽減と結びつけて品質を
語るという方法を理解することは、品質チームをコストセンターとしてではなく、企
業の成長に貢献する資産として見てもらうための重要なステップである。

自社の品質ナラティブを見極めよう

　自社の品質ナラティブは、品質にまつわる従業員の行動や態度など、身の回りのあらゆるところに表れる。私たちが話を聞いている経営者の多くは、一番大きな問題がある領域がどこなのかを感覚的にわかっている。しかし、自身の思い込みを確認するために、簡単なテクニックを使って社内の現在のナラティブを把握することができる。

　組織のさまざまな従業員に「業務で耳にする、品質に関する発言のトップ3」を尋ねてみよう。ポイントは彼らの考えではなく、実際に耳にする発言は何かを尋ねることだ。従業員が品質についてどう考えているか、フィルタリングされていない回答が得られるだろう。

　品質ナラティブの現状が理解できれば、それをどのようにしたいかを考え始められる。品質を社内外でどのように認識してほしいのか。1年後にどんなチームになっていてほしいのか。たとえば「社内の全員がプロダクトの品質に責任があると感じている」「人・プロセス・技術の側面からプロダクトの品質向上に投資している」などが考えられる。こうして考え出した最初の言葉は、自身の理想の品質ナラティブに向けて進むためにどのような変化が必要なのかを示す基本の道しるべになる。

第 2 章のまとめ

- 組織の品質文化は、意識して表明しているかどうかにかかわらず、品質ナラティブとして存在している
- 品質ナラティブは、主に 3 種類で構成されている
  - **責任ナラティブ**：誰が品質に責任を持つかが考えられ、語られている
  - **テストナラティブ**：品質向上につながる正しいテスト技法はどれか・どのツールを使うべきかが考えられ、語られている
  - **価値ナラティブ**：品質に投資した場合の見返り（ROI：投資収益率）が考えられ、語られている
- 品質ナラティブを理解することは、組織の品質文化を転換するための第一歩である

　品質ナラティブを理解するために使えるワークシートは、原著のサイトで氏名・メールアドレスを登録することで入手できる。［訳注：英語版のみ］

　https://www.leadingqualitybook.com/

第3章

品質文化醸成

「リーダーシップの本質は説得し、人々の心をつかむことにある。」

— ステファン・デニング（*Stephen Denning*）『*The Leader's Guide to Storytelling: Mastering the Art and Discipline of Business Narrative*』（未邦訳・*2015*）

アリリィ・マクスウィーニー（Arylee McSweaney）は、Etsy 社のテストエンジニアリング戦略担当シニアマネージャーに就任したときに、自らのタスクをエンジニアリング文化の変革とした。もっとテスト自動化を取り入れ、QA のレベルを上げようとしたのである。

彼女が最初に力を入れたかった分野は、開発スプリントで時間を確保してエンジニアリングチームがテストを書くモチベーションを高め、ビジネス全体の品質のオーナーシップを高めることだった[16]。だが、ほどなく、エンジニアはテストが重要だと考えているにもかかわらず、理由があってテストを書けないのだと気づいた。すなわち、単に、開発スプリントの途中でテストに割ける時間がなかったのだ。テストを書くことと厳しいリリーススケジュールとのトレードオフに直面していた彼らは締め切りを優先させていた。そうすることで複雑な問題が発生する可能性があったにもかかわらず。

ここで真正面からエンジニアの考え方を変えようと主張し、実際に変えることだってできたかもしれない。しかし、アリリィはスマートなやり方を選んだ。手始めにエンジニアにアンケートを取って、品質改善に関する意見やアイデアを尋ねたのだ。アンケートの結果から得られた重要な推察の 1 つは、エンジニアが勝利・難題・失敗を表立って話せるような、より良い仕組みを望んでいるということだった。それは特に自動化に関して顕著であった。

アリリィは Etsy 社では前例が無かった「ライトニングトーク」を始めた。そのイベントは社内で「TEST Etsy」として知られることになる。あらゆるエンジニアが

アイデアや不満を語ることができる四半期ごとのイベントで、エンジニアのみならずマネージャーや CTO さえも参加した。

　参加者が語る個人的な話は誰の心にも響いた。エンジニアはそれぞれ、自分たちのチャレンジに対する評価を同僚やマネージャーから受けられた。それだけではなく、エンジニアが置かれている状況や実際の業務負荷を統括の立場にある者がより明快に理解できるようになったのだ。また、その逆もしかりで、エンジニアは品質に対する考え方をシフトさせ、自社のリーダーが考えているプライオリティーをよく理解するようになった。

　エンジニアが品質の優先度を上げたことで、彼らは自然と開発スプリントの間にテストスクリプトを書く時間を確保するようになった。［訳注：テストを実行するための一連の操作手順を示したドキュメントで、事前にテストスクリプトを作成して実施するテストはスクリプトテスト（scripted testing）と呼ばれる。また、自動テストのプログラムを（自動）テストスクリプトと呼ぶこともある。］この変化を支援すべく、アリリィは毎週テストレポートを発行した。こうすることで、各エンジニアグループは他と比べて自分たちのパフォーマンスがどうなっているかを測れるようになった。ほどなく目覚ましい進歩が見られるようになり、テストに関わるタスクに時間を充てることは彼らのソフトウェア開発ライフサイクルに欠かせないものとなった。それは現在でも続いている。

　変革を進めるために影響力や説得力を発揮しなければならないのは、なにもアリリィに限った話ではない。リーダーであれば、何らかの形で「売らない売り込み（non-sales selling）」に何時間も費やしている。『人を動かす、新たな 3 原則』（神田昌典［訳］講談社＋α文庫・2016）の著者ダニエル・ピンク（Daniel Pink）によると、営業ではないロールを担う人が他者を納得させたり、影響を及ぼすなどといったことに業務時間のおよそ 40％（1 時間あたり 24 分）を割いていることが明らかになった。

　次の 4 つの主要な領域を理解することで、品質ナラティブに影響を与え、社内の品質文化を調整できるようになる。

- 誰を味方につけるかを知る、そして彼らのモチベーション・目標としているもの・恐れているものが何であるかを知ること
- チーム同士・メンバー同士の共感を生み出して連携と相互理解を深めること
- 自分の考えに重みを持たせるために、エビデンスを用いて品質ナラティブを補強すること
- 勢いを生み出すために、社内で品質推進者を増やすこと

　最高のリーダーは、こういった方法を用いて、自らがどんな変革を望んでいるのかを周囲に理解してもらうのだ。

誰を味方につけるかを知る

理想的な品質ナラティブに向けた最初のステップは、誰を味方につけるかを見極めることである。ほとんどの場合、賛同してもらうために説得する必要がある人は複数人いるだろう。まずは、上長や同僚、あるいは他チーム・他部署の人まで含めて、すべての関係者を書き出したリストを作ろう。

次に、それぞれの人に対して以下の質問を考えてみる。

- 彼らのゴールや目的は何か？
- 彼らが日々の仕事で直面する懸念・課題にはどのようなものがあるか？
- 彼らがあなたの考えに反対する理由はなにか？
- あなたの考えが彼らや、彼らのチームにどんな影響を与えるか？

これらの質問に答えていくと、リストアップされた人たちのモチベーションがそれぞれ異なっていることに気がつくだろう。これをもとに、味方につけたい人が話している言葉やコンテキストを捉え、その人が重要視していることを見つけて、注意を引くような言葉を使って問題をフレーム化しよう。

機能や情報ではなく、あなたのアイデアがどんなメリットを提供できるかにフォーカスしよう。特に彼らが心配していることや望んでいることとどんな関わりがあるかを話すべきだ。将来像を描き、新しい恩恵が何をもたらすかを共有するのである。

先日［訳注：原書出版年である 2019 年頃］開催された CIO パネルで、Procter & Gamble 社の元シェアードサービス部門 CIO であるアンディ・ウォルター（Andy Walter）は、役員・経営層と話をするときには「論題を提示して」本質的な問いに答える必要があると述べた。

「それを取り入れることで、自分たちのビジネスでできなかったどんなことができるようになるのか。」

つまり、経営層を相手に話すときには、顧客とビジネスにどんな影響があるかを中心に据えるべきなのだ。

The New York Times 社のエンジニアリングマネージャーであるシェシュ・パテル（Shesh Patel）は、この原則を完璧に理解し、話す人ごとに表現方法を変えている[17]。たとえば、リグレッションテストにかかる時間を短縮する新しいプロジェクトをやりたいと考えたときには、彼は相手に応じて説明の仕方を変えるのである。［訳注：リグレッションテストは回帰テストとも呼ばれ、機能の追加・変更のためにソースコードに手を入れたことで、変更されていない部分の機能が壊れたりバグが混入したりしていないかを確認するテスト。頻繁に実施されることが望ましい。基本的にすべての既存機能が想定通りに動いていることを確認するため、プロダクトの規模が拡

張していくと人の手ではすべてを実施できなくなる。頻度と実施負荷、また実装が比較的容易という特性から、自動化に適したテストと言われる。］

　シェシュが経営陣と話すときに焦点を当てたのは、そのアイデアを実現することで節約できた金額と、その節約分を生かしてチームが高品質のプロダクトをよりうまくリリースできるようになるために何ができるかだった。プロダクトチームとのコミュニケーションでは、新機能をより素早くリリースするためにチーム全体をいかにレベルアップさせるかを論点とした。エンジニアと話すときには業務にどんな前向きな変化が起こるかを語り、その範囲はリリースプロセスをより簡単なものにすることから、当時彼らがとても不満に思っていた不安定な自動テストをどれだけ減らせるかまで、あらゆる部分が話題となった。

　1つのアイデアを、各個人がめざすゴールに合わせて調整し、伝える方法は3つある。

　説得して味方につけたい相手のことを詳しく知れば、確実にアピールできる伝え方が見つかる。メッセージをこのようにテーラリングすることで、より多くの賛同者の支持を集められるだろうし、あなたのアイデアはさらに明快に理解されるだろう。

共感を生み出して連携と相互理解を深める

　自動車のホイールアラインメント［訳注：ホイール（タイヤ）の角度調整］が不適正だと、ハンドルの動きが固くなる。タイヤが偏って摩耗し始め、自動車の挙動に微妙な抵抗を与える。燃費が悪くなり、高速での移動は危険になり、極端な場合は事故につながる。

　会社のアラインメントが適切でない場合にも、同じことが起こる。

　しかし、社内のアラインメントは簡単ではない。ものの見方も負っている責任も異なる人同士が、相手の現実とメンタリティーをよりよく理解するためには、どうしたらいいのだろう。品質のどの側面に向き合っているかはチームによって違う。品質に対する考え方・語り方も、それぞれ異なっている。

　ネル・ハーパー・リー（Nelle Harper Lee）の古典作品『アラバマ物語』を少し言い換えて引用すると「相手の身にならなくては、本当に共感するなんてことはできないもの」なのだ。［訳注：オリジナルは「人というものは、相手の立場から物事を考えてあげられるようになるまでは、本当に理解するなんてことはできないものなんだよ。（中略）その人の身になって、生活するまでは、だよ。」（菊池重三郎［訳］暮しの手帖社・1984）］共感とは、他者の気持ちを理解し、共に分かち合う能力である。チームメンバーがお互いの役割を理解することで、一緒に仕事を進めるにはどうしたらいいかがわかるようになる。

　このジレンマを解決したいときに試す価値があるのが、Zynga 社・Twitter 社・

Stack Overflow 社を支援したベンチャーキャピタリストであるベン・ホロウィッツ（Ben Horowitz）が「フリーキー・フライデー・マネジメント法（The Freaky Friday Management Technique）」と呼ぶアプローチだ。［訳注：『フリーキー・フライデー（*Freaky Friday*）』は 1972 年に出版されたメアリー・ロジャース（Mary Rodgers）の同名の小説をもとにした 1976 年のアメリカ映画。お互いに理解しあえない母娘の人格が入れ替わってドタバタを巻き起こすコメディーで、入れ替わりモノの元祖と称される。マーク・S・ウォーターズ（Mark S. Waters）監督が手がけたリメイクは日本でも『フォーチュン・クッキー』という邦題で 2004 年に公開された。］この有名な入れ替わりモノの映画を観賞したホロウィッツは「お互いに戦争状態になってしまった」2 人の重役を交代させることにした[18]。すなわち、営業部長がカスタマーサポート部長に、カスタマーサポート部長が営業部長に、それぞれ就いたのだった。この結果は「奇跡的だった」とホロウィッツは次のように述べている。

> その日から会社を売却するまでの間、エンジニアリング営業部門とサポート部門は、社内のどの主要なグループよりもうまく連携を取れたのです。すべて『フリーキー・フライデー』のおかげさ。あれは洞察に満ちた、世界一のマネジメント研修映画ですよ。

この事例で実際に起こったことは何か。共感が醸成されたことでお互いの役割を理解し、いかに目標を達成するかにフォーカスした共通の視点が作られたのだ。このような発想を応用してチーム内をアラインメントしたいときには、こんなに極端なやり方をする必要はない。たとえば、クロスファンクショナルなペアリングセッションなどが挙げられる。［訳注：ソフトウェアのアジャイル開発ではペアプログラミング（ペアプロ）という手法が推奨されているが、開発エンジニアと品質エンジニアがペアプロを行うこともペアリングセッションの 1 つである。］

ペアリングセッションは異なる分野の人々が同じ業務を行うことでアイデアを共有し、後になってからアラインメントのズレが生じないよう設計されている。

ソーシャルネットワーキングを手がける Xing 社のシニアプロダクトデザイナーであるニッケル・ブラーセ（Nikkel Blaase）は、デザイナーと開発エンジニアのペアを作らせ「レイアウトや技術的な制約のことを気軽に話し合ったり、迅速な意思決定ができるように」した。「コミュニケーションこそが、開発エンジニアと協力するときのカギなのだ[19]。」Pivotal Labs 社はこれをもう一歩進めて実践につなげている。開発エンジニアとデザイナーを半日ペアにし、デザインの微調整をスムーズに行っているのだ。デザインの微調整は、以前は社内のチャットを介して行わねばならず、とてもイライラするタスクであった。こうした活動は時間を節約し、部門間の共感作りに貢献している[20]。

Jira や Confluence といった SaaS プロダクトを開発・販売する Atlassian 社は、と

てもうまく開発エンジニアと品質チームをペアにしている。品質チームは開発エンジニアに対して「品質支援（Quality Assistance）」の役割を担っている。［訳注：通常、QA という言葉は Quality Assurance（品質保証）を意味する。］そして、開発エンジニアが自分のコードをテストする方法を、特に探索的テストというテスト技術を用いて行うにはどうしたらよいかを教えている[21]。テスト手法を品質チームから学ぶことで、開発エンジニアは一連のシナリオをより明確に検討し、書いたコードをチームに共有してソフトウェアに統合する前に、自分でバグを見つけられるようになる。［訳注：開発エンジニアがバグを自ら見つけると速やかに修正できるため、後工程でテスト担当者がバグを見つけた場合に比べ、はるかに低いコストで品質を向上させられる。］

アリリィの例のように、チーム同士の共感ではなく、経営陣と運用面を担う人たちとの間に醸成される共感もある。この場合、チームが普段どんな業務を行っているかをランチ＆ラーニング［訳注：経営陣と昼食をとりながら対話する活動］やライトニングトークを通じて見える化することで、課題や成功事例についてのオープンなコミュニケーションを促進できる。さらに一歩進めると、チームが実際に何をしているかを理解するために経営陣が執務室に行って隣の席に座って仕事をすることもある。

エビデンスを用いて品質ナラティブを補強する

自身の考える品質ナラティブを補強するために、いろいろなエビデンス（証拠・根拠）を活用できる。エビデンスには社内から得られるものと社外から得られるものとがある。前者は自社で持っている情報やデータ、チームで試してみた取り組みなどで、後者は他社事例や統計などである。

社内から得られるエビデンス

自身のアイデアが追求する価値のあるものだと示す社内のエビデンスには、大きなアドバンテージがある。組織の人々に関わりがあるということだ。これにより、より深い共感を伴って変化を起こせる。

アリリィは社内調査を利用してチームが何に関心を持っているかの情報を集め、エンジニアリングチームが品質について抱えている感情に基づいた有用なエビデンスを得た。別のアプローチとしては、自身のアイデアにどんな利点があるかを証明する小さな実験を社内でやってみるというものもある。

Airbnb 社の草創期には、コードはあまり検証されずに本番サーバーにリリースされていたが、会社がスケーリングしていくにしたがって問題が顕在化してきた。同社のエンジニアだったルー・コサック（Lou Kosak）は当時、自チームを含む社内の仕

事のやり方をどう変えるかを確認するために、小規模な社内実験を始めた。ルーのブログには次のように投稿されている[22]。

> ようやく少数の人たちが……コードの変更時にプルリクエストを出すようになった。これは強制的なポリシーとして導入されたものではまったくない。マスターブランチにプッシュしたといって人を辱めたり、プッシュを無効にしたりもしていない。ただ、何人かがやりはじめたことで、次に 1 つのチームの取り組みに、そしていくつかのチームが行うようになった……こうしたピアレビューのプロセスが導入されたことで、プロダクトに悪影響を与えるコードが減り、結果として稼働停止が少なくなることが明らかになったのだ。

この実験が成功したので、ルーのエンジニアリングチームでは新しく参画したメンバー全員に対し、プルリクエストを含むベストプラクティスを説明するようになった。このことで、全員が同じプラクティスを用いるようになっていったのだ。

ほどなくして、コードを新しく書くときは一緒にテストを書こうと決まった。そこでテストの重要性に関する教育が行われるようになった。業務時間中に開かれたミートアップ〔訳注：インターネット上で同好の士を集めてイベントを開催する Meetup 社のプラットフォームサービスのことだったが、近年エンジニアリング界隈では気軽に参加できる勉強会を指す言葉となり、特に日本ではその多くが交流や採用広報を視野に入れて技術コミュニティーや企業が主催する社外イベントとして開かれている。〕ではチームの知見を増やすための推薦図書が紹介された。新しく参画したメンバーがテスト推進者として育成され、テストインフラへのさらなる投資が行われたことで、テストを書き、実行することが簡単にできるようになった。

小規模なエビデンスを集めることで、ルーと彼のチームはテストプロセス全体に影響を与えられたのだ。

社外から得られるエビデンス

社内から得られるエビデンスがない場合は、社外のエビデンスを活用できる。しかし、その効果は異なっていて、共感してもらうというよりは信用してもらうためのものと捉えよう。あなたのアイデアがすでに実証されていて、成功する可能性が高いと示すためのさまざまな情報源、たとえば、業界研究のデータや講演資料、また本書のような有名企業の事例が掲載されている書籍などが社外のエビデンスとなる。

社外のエビデンスを使うにあたっては、統計が実際に何を意味しているのか、また、書籍に書かれている事例がなぜ効果があったのかを十分に理解しておこう。さもなくば、第 2 章で説明されたテストナラティブの失敗パターンに陥ってしまい、知見を現状に対してどう適応させる必要があるのかがよくわからず、何も変えられずに終わってしまう可能性がある。

社内の品質推進者を増やす

　グループシンク、コンセンサス、ソーシャルプルーフ……どういう呼び方をしても いいが、影響力というものは同じ考えを共有する者同士が集まることで生じる[23]。

　変化をリードするためには、上司や同僚、またあなたに報告する部下といった人々 の助けが必要だ。あなたに味方してくれる人物が必ずしも開発チームや品質チームに 所属している必要はない。

　あなたのアイデアを受け入れてくれそうな役員などの主要なステークホルダーを見 つけ、関係を構築しよう。Airbnb 社のルーの事例にならって草の根活動を始めて、 同じ志を抱く専門家や品質こそがソフトウェアの成功の核心だと信じる人たちを見つ ける必要があるかもしれない。品質の優先度をより高くすることが重要だと考える社 内の人間であれば、誰もがあなたの潜在的な味方だ。加えて、率先してより優れた品 質ナラティブを作ろうと努力すればするほど、より多くの潜在的な味方や品質推進者 のタイプがわかっていくだろう。

　品質に関わるアイデアの促進という点では、Atlassian 社の品質チームが注力して いるのは、QA のベストプラクティスの共有、プロダクトや機能の品質向上、開発に おける QA のワークフローの改善である。Spotify 社は少し変わった職種「品質提唱 者（Quality Advocate）」を設けていて、品質そのものの重要性を社内に広める役割 を担っている。

　社内の品質推進者を集めるようになり、もし運が良ければ、Airbnb 社のルーがブ ログの冒頭に書いた言葉をあなたが壇上から講演会場に響かせる日がくるかもしれな い。「今日皆さんにお話ししたいことは、どうやって我々が組織文化を変え、テスト が自然に行われるようになったかです」と。

　影響力と説得力というスキルを身につけることに注力することで、社内の品質文化 をより強固なものにできる。

第 3 章のまとめ

- 社内で品質のリーダーシップを発揮するためには、影響力と説得力を身につけ
ねばならない。
- 影響力を発揮できるようにする方法は以下の 4 つである。
  - 誰を味方につけるかを知る、そして彼らのモチベーション・目標としてい
るもの・恐れているものが何であるかを知ること
  - チーム同士・メンバー同士の共感を生み出して連携と相互理解を深める
こと
  - 自分の考えに重みを持たせるために、エビデンスを用いて品質ナラティブ
を補強すること
  - 勢いを生み出すために、社内で品質推進者を増やすこと

セクション II

戦略的に品質の意思決定を下す

第4章

手動テストと自動テスト

「技術をビジネスに適用するときには2つのルールに目を向けよう。第一には、効率が良いオペレーションを自動化すると、さらに効率が上がるということだ。第二には、非効率的なオペレーションを自動化すると、さらに非効率になるということだ。」

— ビル・ゲイツ（*Bill Gates*）*Microsoft* 社創業者

　マーク（Mark）は会議室で朝のスタンドアップミーティングに参加していた。数週間前に採用されたばかりのVPoEは、そこでチームの方向性についての考えを説明していた。開発を速くすることを優先事項とし、新しい自動化フレームワークを使ってテストを100%自動化してQAのボトルネックを減らすことが、それを実現させるための主なビジョンだった[24]。

　「すべてのテストを自動化できるプラットフォームを見つけたんだ。これで品質問題を解消できる」と彼は言った。

　だが、マークは懐疑的だった。その新しいVPoEは1年前、会社が最初にテスト自動化に舵を切ろうとしたときにはいなかった人物なのだ。

　当時は「すぐにでもやろう」という機運があった。流れに取り残されまいとして他の誰もが自動化に取り組んでいるように見えた。理論的にはすばらしいことのように思えた。

　実際には、混沌としたものだった。

　いろいろな議論が巻き起こった。まず、何のテストを自動化するのか？ 新しい機能にフォーカスするべきか、システムの中でも保守性が低いレガシー部分［訳注：長年ソースコードに手がつけられる機会がないまま稼働し続けている機能で、テストが一切書かれていないことが多い］から始めるべきか。そして、誰がメンテナンスをするのか？ 開発エンジニアがやるのか、テスト担当者がやるのか。

　この最初の試みでは、自動化がデリバリーを早めることはなかった。実際、次のリ

41

リースに間に合わせるために自動化関連のタスクをすべて中断しなければならないほど遅れていたのだ。その後、彼らは後回しにした自動化のタスクを取り戻そうとはしなかった。さらに悪いことに、誰も自動化の話をしなくなっていた。彼らにとって自動化とは、恥ずかしすぎて思い出したくもない失敗した実験のようなものだったのだ。

会議室を見回したマークは、多くの同僚が同じことを考えているのがわかった。1人、また1人と懸念を口にしたが、新任のVPoEは聞く耳を持たなかった。仕方なしに彼らは仕事に取り掛かることにした。

その後数ヶ月にわたる自動化の実装は、最初に取り組んだときよりも悪いものとなった。

- テストインフラの一部を最適化しすぎた
- アプリケーションの一部は自動テストが実行可能になるよりもずっと早く変更されていった
- テストインフラは壊れたままだった
- 複数の異なるテストツールをすべて一緒に動作させようとして、大変な時間を要した
- バグが次々に自動テストをかいくぐっていき、ユーザビリティーが壊滅的になっていった

顧客はアプリケーションの品質が悪化していることに気づき始め、文句を言うようになった。それから、アプリケーションをまったく使わなくなっていった。最初はほんの数人だったが、ほどなく最も愛用してくれていた顧客でさえも競合のアプリケーションを使うようになってしまった。もはや問題を無視できなくなった経営層はエンジニアリングチームに自動化のことは忘れ、残った顧客を維持するために必要なことはなんでもするようにと指示した。品質は回復したが、被ったダメージまでは回復しなかった。

1年ほどたった頃、マークは別の会社ですばらしい仕事を見つけた。入社してみると、テストを自動化している最中のようだった。内心で「おいおい、またかよ」と思った。

だが、驚いたことに自動化は機能していたのだ。以前の会社とはどこがどう違うかを照らし合わせて、マークは4つの点に着目した。

1. **チーム文化**：チームが結束して問題解決とプロセス改善に取り組んでいた。
2. **期待値**：自動化に対し、あらゆる問題を魔法のように解決する答え［訳注：「銀の弾丸」のこと］などという幻想を抱かなかった。自動化を通じて実現できることとその限界を、正確に把握していた。

3. **タイミング**：プロダクトの成熟度、および、プロダクトライフサイクル［訳注：プロダクトの属する市場の成長パターン］に応じて、どのツールを利用することが適切かを知っていた。

4. **インフラ**：自動化の取り組みを最大限に活用できるように妥当なインフラを整備していた。

自動化には、それをすべき時と場所がある。だが何らかの理由で自動化の持つ可能性のファンタジーな側面を信じてしまう人は少なくない。どの業界も完全自動化（フルオートメーション）という考え方に大枚をはたいてしまうのは、なぜなのか。エンタープライズソフトウェアのうち自動化されているものは 14% にすぎないのに[25]。

ライマン・フランク・ボーム（Lyman Frank Baum）の有名な児童文学『オズの魔法使い』（柴田元幸［訳］角川文庫・2013）ではないが、真実を知るためには、まず、カーテンの向こうに誰がいるのかを理解する必要がある。［訳注：偉大にして恐ろしい魔法使いオズが、実はつい立て（原作では curtain でなく screen）に隠れていた小男であったという描写から。映画版でのセリフ「Pay no attention to that man behind the curtain!（カーテンの向こうにいる人を気にするんじゃない！）」が知られている。］

自動化のカーテンの向こう側

エドワード・バーネイズ（Edward Bernays）はジークムント・フロイト博士（Dr. Sigmund Freud）の甥であり「広報の父」と呼ばれる[26]。彼はビジネスや政治、さらには国家文化にまで多大な影響を及ぼしたことから、20 世紀の最も影響力のあるアメリカ人 100 人の 1 人と称されている[27]。

バーネイズの考え方をたどると、行動経済学や消費者行動分析として知られるものにつながる。簡単に言えば、人はなぜ・どのようにものを買うのかという研究だ。彼が発見したのは（たとえば、業界全体に影響をもたらして特定のやり方が絶対的に最良のアプローチであると信じ込ませるように）大規模に人に影響を与えるためには、自分たちが望むようにメッセージの舵取りをする「選択アーキテクト（Choice Architects）」という人が必要だということだった。［訳注：バーネイズが 1947 年に発表し、のちに書籍化された論文『The Engineering of Consent』（未邦訳・1955）などで、世論操作は大衆心理に基づいて可能であると述べられている。なお「選択アーキテクト」および「選択アーキテクチャ」という言葉は、リチャード・セイラーほか［著］遠藤真美［訳］（2022）『NUDGE 実践 行動経済学 完全版』（日経 BP）など、ナッジ理論を扱う書籍で解説されている。］

　テスト自動化の誤解を生み出した選択アーキテクトは誰なのだろう。まったく予想もしていなかったことに、なんとそれは私たち品質プロフェッショナルだったのだ。

　競争が激しさを増していく中でテストベンダー企業のマーケティングチームは、一線を超えた。自社のツールで何ができるかを説明するときに、テスト自動化を採択した顧客がいかに「成功」したかを語る一方で、悲惨な詳細には触れなかった。実装がうまくいかない事例があってもツールの問題ではなく「やり方がまずかったのです」と片づけた。そうした「成功」が批判的に評価されることはなく、顧客は誇大広告に引き寄せられた。

　自動化の夢を売ることは方程式の一部だ。その方程式の別の部分がどうなっているかを掘り下げてみよう。成果が誇張されたテスト自動化ツールに企業がお金を出すのにそんなに必死になった（そして今も必死である）背景には3つの要因がある。

　第一に、何よりもまず彼らはスピードという難題に対する解決策を必要としていた。信じられないほど激しい競争に直面しているため、できるだけ早くプロダクトをリリースしなければならない。チームに10人いて、全員でやって6分かかる日次タスクを自動化できれば、毎日1時間分節約できる。言うまでもなく、自動化できるのは決まった手順を繰り返す作業であることが多い。節約された時間はもっと価値が高い仕事、たとえば探索的テストをしたり、品質文化を醸成するためにチームにより近いところで業務にあたったり、プロダクトの品質を向上させるための戦略を考えたりといったことに投資できる。

　第二に、テスト自動化は同じリソースでより多くのテストができる、すなわちスケールできる方法として売り出されている。予算とリソースに制約されているチームにしてみれば、わずかな金銭的・時間的なコストを支払って自分たちができることを増やす手法に見えたのだ。

　第三に、テスト自動化は一貫性を維持する役に立つという観点もあった。コンピューターはまったく同じテストを毎回まったく同じ方法で行う。もう何かを見逃したりテストケースを飛ばしてしまったりする心配はないので、テストプロセスが正しく遂行される可能性を上げ、再現性のある結果が得られる。

　しかし、すべてのものがそうであるように、テスト自動化にも代償がある。持続可能なテスト自動化のための取り組みを計画・準備・実行・維持するためには、とても多くの作業が必要だ。すでにアプリケーション開発で実施しているすべての作業に加えて、である。

　では、どんな場合に自動テストを活用するべきで、どんな場合に変わらず手動でテストをすべきなのだろうか？

なんでも自動化できるだろうか

　ロンドンのヒースロー空港で搭乗予定の飛行機を待っているとき、私が読んでいたのは当時 eBay 社のテスト部門の責任者だったダン・アシュビー（Dan Ashby）がDevOps における QA エンジニアの役割をまとめた記事だった[28]。読み終えるとすぐに、友人であり広い人脈を持つバーノン・リチャーズ（Vernon Richards）に興奮してメッセージを送った。「やぁバーノン、今ちょうど読んだ記事にぼくたちが議論してきた『いつ自動化をするか』が書いてあったんだ。ダン・アシュビーっていう人なんだけど、知っているかい？」

　数秒後に返事が来た。「あぁ、目の前に座っているよ。」

　なんという偶然だろうか！

　バーノンに紹介してもらって、私はその週の後半にダンとビデオ通話をした。彼が語ってくれたフレームワークは、どんなテストをいつ実施するかを示すものだった。一見するとシンプルなモデルだが、そのシンプルさが奥深さにつながっており、今や私たちのテストに対するアプローチの礎となっている[29]。

　ダンは画面を共有し、箱を描いてそこに「情報（Information）」と書いた。

　熱心な学生に講義する教授のように彼は説明してくれた。

> テストという活動の大部分は、自分たちが気づいていないことを新たに明らかにし、また知っていると思っていることがやはり真実であると確認する継続的な試みです。その情報がわかれば次に何をすべきかが判断できるのです。

　彼は別の箱を描いて「調査（investigating）」と、さらに別の箱を描き「検証（verifying）」とラベリングした。

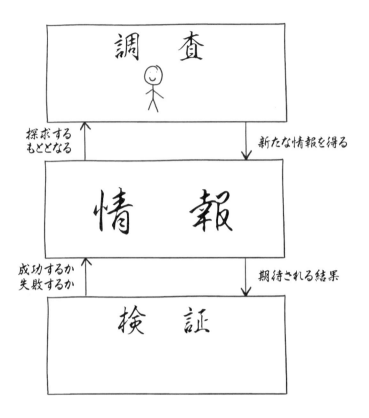

ダンは続けた。

> 大別するとテストには2つのタイプがあります。調査（**investigating**）は最も一般的で、自分自身の創造性を発揮してプロダクトに関わる新たな情報を得るテストです。調査をすればより多くの情報が得られ、情報が多ければ多いほど、さらに探究できるようになります。どれだけ多くの探索的テストができるかを左右するのは想像力だけです。

さらに検証（verifying）を指差して言った。［訳注：ソフトウェアのテスト（testing）には、確認（checking：本書での「検証」）と探索（exploring：本書での「調査」）の2つの側面があると表現する識者もいる。エリザベス・ヘンドリクソン（Elisabeth Hendrickson）はその1人で、ブログ記事「The Two Sides of Software Testing: Checking and Exploring」（未邦訳・2011）がある。］

検証（verifying）は、何が起こるべきかを期待した状態で行われます。期待通りかどうかをただチェックしたいのです。通常は成功するか失敗するかの二択しかありません。その結果が期待通りであれば（あなたの考える）X はまだ正しいことを、そうでなかったなら問題を発見したことを、それぞれ意味します。検証（verifying）という活動の問題は、チェックする必要があるとわかっていることだけを対象にする点です。しかし、検証（verifying）で問題が発見されれば、それを調査（investigating）しなければならなくなります。これが、常に何らかの形で手動テストが必要とされる理由です。

　エンジニアはソフトウェアを作るときに、それがどう動くべきかを網羅したチェックリストを作れる。テスト自動化エンジニアはそのチェックリストをプログラミングすることで、このソフトウェアがすべて想定通り動くかどうかを検証できる。しかし、ある程度の創造性を働かせないと、ソフトウェアが動かなくなるのはどんなときか、またどんなシナリオだと期待と異なる挙動を起こす可能性があるかを特定できない。

　調査が必要になるような予期していなかった事象というのは、常に存在するものだ。未知の事柄に対する計画を立てるのは難しいが、計画できなければ自動化のスクリプトは書けない。結局のところ、想像力・知識・経験を兼ね備え、テストの中でも調査を任せられるスペシャリストが不要になることはないのだ。

　創造性は自動化できない。

なんでも自動化すべきだろうか

　この洞察をもってレッスンは終わりかに思えた。しかし、むしろダン・アシュビーという賢者の思考をたどるように、議論は深くなっていった。

　彼は「検証（verifying）」の箱に縦線を描き、左側にニッコリした棒人間を、右側に二進数、すなわち 0 と 1 が並ぶ文字列を書いた。

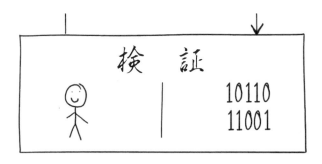

検証は手動テストでも自動テストでもできます。コツは、いつ・どちらを適用するかを知ることです。

IBMがこの疑問に答えるために実施した調査をもとにアーロン・ブラウン（Aaron B. Brown）らが書いた論文「Reducing the Cost of IT Operations — Is Automation Always the Answer?」（未邦訳・2005）[30]では、さまざまなテストを手動で行う場合と自動化して実行する場合のコストを計算している。彼らの狙いはテストケースを自動化する最適なポイントがどこにあるかを突き止めることだった。テストを手動で行うよりも自動化したほうが有効となる要素が主に3つあると結論づけられた。

1. 自動化されたテストケースが変更の手を入れることなく長期にわたって利用できると期待できること。
2. テストケースが比較的自動化しやすいものであること。すなわち、細部にわたる操作を必要としない手動テストから生成できるか。手順が複雑になるほど、自動化は著しく困難になる。
3. 手動で実施するよりも自動化して実施および維持するコストのほうが安いこと。

これら3つの要素がそろっていればテスト自動化の利点、すなわち、スケールアップ、問題発生時の開発エンジニアへの素早いフィードバック、反復的なタスクの精度向上というメリットを享受できる。

ダンの知見を通じて、自動化への疑問に対するアプローチが概して誤っていることに気づけた。「自動化すべきか否か」という課題設定をするべきではない。それはエンジニアに「ベストなコードの書き方は？」と尋ねたり、シェフに「ベストな調理法は？」と尋ねるようなものだ。やり方なんていくらでもある。テスト自動化とはテストのやり方の1つであり、道具箱に入ったツールの1つにすぎない。プロフェッショナルたるもの、自身を制限して毎回同じやり方ばかりを選んだりはしない。

テストという情報収集活動に2つのタイプ、すなわち調査と検証があることを理解しなければならない。ダンはフレームワークを通じて、手動テストを採用するか自動テストを採用するかを二者択一で決める必要はないと示した。テストをすべて手動で実施していてはスケールアップできない。また、テストを100%自動化しようというのも現実的ではなく、最終的には持続不可能に陥る。この2つは両方とも必要で、ブレンドするのが適切なやり方だ。ハンマーとスパナのどちらが優れているかを議論するのが不毛なように、手動テストと自動テストのどちらがいいか賛否を唱えることには意味がない。

どのツールがベストなのかは、何をしようとしているかしだいなのだから。

第 4 章のまとめ

- あらゆる技術がそうであるように、自動テストは銀の弾丸ではない。間違ったテスト自動化は当初の期待とは逆に、品質を悪化させる可能性がある
- 「すべてのテストを自動化できるか？」という疑問に対しては、テストに次の2 タイプがあることを考えて答えを出そう
    - 調査（investigating）：認識されていない情報を明らかにするためのテスト
    - 検証（verifying）：プロダクトの情報が期待通りかをチェックするテスト
- 「すべてのテストを自動化すべきだろうか？」という質問に対する答えは、以下 3 つの要素から考えよう
    - そのテストを自動化した場合、変更の手を入れることなく長期にわたって利用できるか
    - 自動化したいテストケースの手順が比較的シンプルなものか
    - テストを自動化することで手動で行うよりもコストを抑えられるか

第5章

プロダクトの成熟度と品質

「プロダクトインクリメントの早い段階で顧客の声を取り入れたプロダクトを作り、最新の市場開発に対応したソフトウェアをリリースし、新しい機能を迅速にマーケットに投入すること。それはプロダクトが適切な品質を備えて初めて可能になる。」

― ローマン・ピヒラー（*Roman Pichler*）書籍の著者であり、
プロダクトマネジメントのエキスパート

　GAT 社での仕事を通じ、オワイスと私はつき合いの長いクライアントが駆け出しのスタートアップから評判を確立した企業へと成長していったり、ローカルビジネスが成長してグローバルに展開していく様子を近くで見守ってきた。

　企業の成長を観察していて気づいたことがある。テクノロジーが浸透していく 5 つのステージ［訳注：エベレット・M・ロジャース（Everett M. Rogers）が 1962 年に提唱したイノベーションの普及プロセス（普及学・イノベーター理論）］に沿って顧客基盤が移り変わっているのだ[31]。

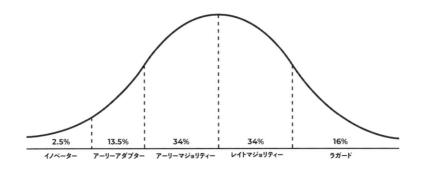

| 2.5% | 13.5% | 34% | 34% | 16% |
| イノベーター | アーリーアダプター | アーリーマジョリティー | レイトマジョリティー | ラガード |

2000 年代初頭、ソーシャルメディアはまだ比較的新しく、テクノロジーの主流とはとても呼べなかった。Myspace や Bebo［訳注：いずれも SNS（Social Networking Service）の名称］といったサービスを利用していた人のほとんどはイノベーターやアーリーアダプターであった。

その後数年でより多くの人がソーシャルメディアを使うようになり、各プラットフォームの利用者層も広がっていった[32]。ソーシャルメディアサービスの多くを使い始めるのは若者だが、規模が拡大すると両親や祖父母などの年配の世代、すなわちレイトマジョリティーやラガードも利用するようになる。新しく使い始めたユーザーに合うように企業はプロダクトを適応させ、品質への認識を適切に変えなければならない。

私たちのクライアント企業の成長に伴って、彼らのプロダクトが進化してきた軌跡を振り返って気がついたのは、テストに対するチームの考え方も変化していたことだった。それぞれのプロダクトは大きく次の 3 つの段階を経ていた。

- 実証段階（**The Validation Stage**）：プロダクトマーケットフィット（プロダクトが市場に受け入れられている状態）の模索
- 予測可能段階（**The Predictability Stage**）：スケーリング（顧客数・アクセス数などの規模の拡大）に耐えるインフラの構築
- スケーリング段階（**The Scaling Stage**）：負の影響を最小限に抑えたプロダクトのグロース

実証段階では、プロダクトの利用者の大多数がイノベーターやアーリーアダプターで占められている。彼らの多くは技術に詳しくて新しいプロダクトに目がなく、頻繁なバージョンアップのたびに改良されていくことに多少なりとも寛容だ。プロダクト開発は MVP（Minimal Viable Product：顧客が利用できる最小限の機能を備えたプロダクト）の提供にフォーカスされていて、QA 戦略はかなりアドホックな（その場しのぎの）ものである。

そして、ユーザー基盤が拡大してアーリーマジョリティーを含むと、プロダクトは予測可能段階へと成長してプロダクト開発の体制や QA の優先度が新しくなる。チームがプロダクトの軸を理解して開発を進め、だんだんとアプリケーションが複雑になり始めると、テクノロジーが信頼できるものである必要があるとわかってくる。実証段階のときよりも安定して稼働していることが大きな価値を持つようになる。それにともなって QA 戦略に求められる視点は、チームが適切なインフラを使って素早く動けることだ。

最後に、主要市場で成熟し始めると、さらなる需要をもたらす他の市場や機会にも目を向けられるようになる。レイトマジョリティーやラガードといったユーザーが増えていくので、QA 戦略を企業がスケーラブルな成長を遂げられるようなものにする

必要がある。この状態をスケーリング段階と呼んでいる。

　プロダクトがこうした段階を踏んで成熟していくにつれ、QA 戦略も当然ながら変化し、採用する打ち手やツールも変わっていく。

　うまくいかなくなってきたというのは、必ずしも QA が失敗し始めたことの表れとは限らない。ニーズの変化に合わせて戦略を適応させることが、成功のために必要だと示唆されているのだ。

実証段階：プロダクトマーケットフィットを模索する

　King 社プロダクションサービス責任者（VP of Production Services）のドミニク・アシラティ（Dominic Assirati）と会ったときには、同社はすでに全世界でヒットしたキャンディークラッシュ［訳注：スマートフォン向けパズルゲーム］の開発元として有名になっていた。同社は 200 種類以上のゲームを開発し、ポートフォリオ全体で 2 億 7,200 万の月間アクティブユーザーを抱えていた[33]。ドミニクは配信されるゲームの品質が適切な水準であることに対する責務を負っていた。King 社が成功している理由の一部は、大きく 3 段階あるプロダクトの成熟度を理解し、各段階に対して適切なテスト戦略を立てていることだ。

　ゲームが開発されたばかりの時期には、それがヒットするかどうかはわからない。King 社では小規模なチームを立ち上げてゲームをビルドし、ベンチマーク（基準・水準）として利用できるさまざまな種類の指標を取ることで、成功を収めたゲームが草創期にどのようなパフォーマンスを発揮するかを追跡した。ユーザーが求めるゲームを作っているかどうかを確かめたいのだ。この環境下では物事は急速に変化していくので、テストや QA の考え方が柔軟性を保っている必要がある[34]。

　リソースと予算の制約はかなりシビアなのが普通だ。King 社のような大企業でさえ、コンセプトに対して十分なリソースを充てるにはさまざまなプルーフポイント［訳注：投資に足るコンセプトであると実証する具体的な事例・成果］が求められる。よって、チームはできるだけ無駄を省こうとし、ユニットテストやしっかりとしたコードレビューができるだけのコミュニケーションが取れているか、また問題なく機能するビルドパイプラインや社内でのドッグフーディングにも焦点が当てられる[35]。

　この段階では自動化の優先度は低い。「うまくやるには長い目で見て投資の準備をしなければならない。自動化は構築したからといって勝手に動き続けるものではない。」とドミニクは言う。プロダクトの初期である PoC（Proof of Concept：概念検証）、すなわち検討中の構想を実現できるか・実現するにはどうしたらよいかを確かめる時期を抜けるまでは、自動化に時間と労力を割くのは割に合わない。

　プロダクトの初期のユーザーは、問題に寛容なアーリーアダプターが多い傾向ではあるが、プロダクトに求められる品質水準は顧客がどれだけ期待しているかに大きく

依存している。成熟した業界であればあるほど、期待値は通常高くなっていく。

オンラインデートが行われるようになったばかりの頃は、その体験自体がとても目新しかったため「アプリケーションの出来はこの程度であってほしい」などと考えるアーリーアダプターはいなかった。現在では、新しくローンチされた（サービス提供を開始した）マッチングアプリケーションに対してユーザーはそこまで寛容ではない。アプリケーションに初めてログインする時点で早くも Match.com や Tinder ［訳注：いずれもマッチングサービスの名称］と同等以上のユーザー体験を期待している。各ユーザーが自分のベンチマークを持っているのだ。

ユーザーの期待値のハードルが高いのは B2B プロダクトで、特に銀行や保険など成熟した業界ではそれが顕著だ。こうした環境下でのアプリケーション開発では、実証段階にあっても慎重に開発を進め、リリース前により高い品質を確保する必要がある。

実証段階では機能が外されることが多い。何をビルドすべきかに関するビジネス上の意思決定が継続的に変更されるのに応じて、チームがすぐにピボットすることを繰り返すためである。常に変更が入る不確実な環境なので、堅牢なテストインフラを構築するのは難しい。その結果、ソースコードが複雑になっていくことでバグが混入しやすくなったり、さまざまな問題が起こりやすくなるのだ。

プロダクトの新しさを考えると、この段階でテスト自動化にあえてコストをかけても費用対効果はよくない。手動テストのほうがよりフレキシブルに対応できる。テストのアプローチは、コアユーザーのユーザーフロー（ユーザーがたどる導線）や新機能、ユーザーが直面しているクリティカルな問題の解消にフォーカスしたものであるべきだ。

プロダクトが初期段階に抱える問題点を見つけるために、ベータ版［訳注：基本的な機能を実装し終えてユーザーが使用できるようになった開発中のプロダクト］のユーザーの助けを借りるチームもあるが、残念ながらその場合、大量に寄せられる未整理の情報をかき分けねばならないことになる。プロダクトを実際に利用するユーザーはプロフェッショナルではないので、スクリーンショット・問題発生時の動画・クラッシュログ・再現手順などを示しながら問題点を系統立ててフィードバックすることに慣れていない。ユーザーとのやりとりや情報の解析といった作業は骨の折れるものとなる。

1 億 2,000 万人以上のユーザーがいるアメリカのラジオ局 iHeartMedia 社のように、ベータ版のユーザーが専門用語を使わずに書いたユーザー目線のフィードバックを専門のテスターたちに渡し、それを元に探索的テストを実施させたり、テストケースを作らせて検証させたりして、問題点を正確に特定している企業もある。

実証段階での重要なテーマは費用対効果と柔軟性である。売れることが証明されていないアイデアにリソースを大量に投入しても意味はない。難題とチャンスに向き合

うことを繰り返す中で、有望なプロトタイプを見出すか、それとも、プロダクトを完全に放棄するかのどちらかに至るまで、状況は流動的であり続けるだろう。

予測可能段階：スケールに向けて安定したインフラを構築する

　実証段階では常に新しいプロダクトを作って試行錯誤するが、プロダクトマーケットフィットが判明すれば、優先事項はプロトタイプを作ることからコアとなる機能を支え・安定させることへと移る。

　一言で言えば、予測可能性、すなわち何が起こるかが前もって想定できるプロダクトであることが求められるのだ。

　この段階では、通常チームが焦点を当てるのはソフトウェアの安定性だ。テストの取り組みは機能を安定させるためのものとなり、探索的テストを実施したり、テストケースを書いたり、自動テストスクリプトを作成するといったタスクが中心となる。売れるプロダクトと売れるマーケットがあるなら、アプリケーション製造により多くのリソースをかけることや、テストインフラへの投資、すなわちテストコードを最適化したり、テスト自動化スイートを作成して拡張したり、品質をサポートするツールを作ったりといったことをするのは理にかなっている。

　イギリスで最も急成長を遂げているテック企業 Bloom & Wild 社の VPoE であるスティーブン・ジャナウェイ（Stephen Janaway）は、この段階で予測可能性にフォーカスすることへの利点をこう説明する。

> 予測可能性にフォーカスすることで、デリバリーユニットであるチームは、予測と管理がしやすくなる。（中略）誰も予測しなかったエッジケースが関わる問題が起こっても、それに振り回されはしない。

　ゲーム会社である King 社のドミニクと彼のチームがこの段階で最初に対処する問題の 1 つは、実証段階で蓄積された技術的負債である。プロダクトマーケットフィットを急いで見つけようとすると、必然的にチームは工数をかけずに機能を実装する。動くことを優先し、正しく作れたかどうかを心配するのは後回しだ（「後」がくればの話だが）。

　どんな負債もそうであるように、目を背ける時間が長ければ長いほど、返済しなければならなくなってから、より大変な目に遭うものだ。それがわかっていたところで、プレッシャーからは逃れられない。ドミニクはどちらを選んでも好ましくない二者択一を迫られているような感覚だと語る。「3 ヶ月から 5 ヶ月かけてテスト自動化フレームワークを組み込んでいくべきか。それとも、そのゲームのライフサイクルを

優先して次の大きなマイルストーンの達成に向けて集中するべきなのか。」

　このデリケートなバランスに対処するために、King 社では複数のツールや戦略を組み合わせて活用している。新機能の追加を始めるときに、チームはコードベースの最も重要な部分をリファクタリングするのだ。［訳注：プロダクトの見た目の挙動を変えずにソースコードを整ったものへと修正すること。リファクタリングを行うことでソースコードが無駄を省いた見やすいものとなり、新機能追加時のヒューマンエラーや想定外のバグの混入などが起こりにくくなる。TDD（Test-Driven Development：テスト駆動開発）はユニットテストとリファクタリングを組み合わせた技法で、アジャイル開発で特に推奨されている。］

　また、予測可能性を向上するためにゲームのテスト自動化のレベルを高める一方で、自社および外部のテストベンダー企業に所属する多数のテストエンジニアを活用してリグレッションテストを強化している。両方の取り組みを通じて、自動テストの開発の裏でテストのカバレッジを確保できるのだ。時間の経過とともに、どのテストを自動化するべきか、どのテストをクラウド経由で実行するべきか、優先順位をつけられるようになる。

　予測可能段階で明らかなのは、しっかりしたテスト基盤を持たずに前進し続けるとか、開発をすべてストップして不足している自動テストをすべて書くといった、極端な選択肢は受け入れられないということだ。よりテスト自動化を促進したプラットフォームへの移行が目標となる。しかし、一朝一夕で到達できるものではない。

　短期的な利益と長期的なコストのバランスを取っていく、じりじりと物事を前へと進める戦術を見出したいところだ。

スケーリング段階：マイナスの影響を最小限に抑え、成長への扉を開け放つ

　King 社のゲームのユーザーが大幅に増える頃には、開発チームと品質チームが世界中のほとんどの場所であらゆる主要なデバイスと OS の組み合わせでゲームができるよう支えている。この段階で重視されるのは成長を加速させることであり、それは新たなユーザーの獲得と既存のユーザーのエンゲージメントを高めることで達成される。この規模になると、パフォーマンスのトラブルが、それがたとえ「小さな」問題であっても多くのユーザーに影響する可能性がある。

　実証段階では、1% のユーザーに影響するバグなど品質チームは感知しない。予測可能段階でも影響するユーザーの割合が小さいものは優先度の低いエッジケースと判断される。だが、スケーリング段階に入るとユーザーの 1% というのは、最初の 2 つの段階の全ユーザーよりも多い可能性がある。

　ユーザーのたった 1% に影響を与える小さなバグが Google マップで発生すると、1,000 万人を超える人々に影響する[36]。これはポルトガルやスウェーデンの人々が Google マップを使えない状況になることとほぼ同じだ。

　ビジネスがアプリケーションにつながっていればいるほど、リスクは高くなる。Uber 社のようなテクノロジーがビジネスに直結しているテックファーストな企業は、アプリケーションや Web サイトに完全に依存している。ユーザーに影響するバグが 1 時間でも起こったら、ただちに金銭的な損失を被る事態になるだろう。

　Starbucks 社（スターバックス）のようにアプリケーションをメインビジネスとしていない企業は、バグがあったところで金銭的な影響を直接には受けないが、それでもブランドがダメージを受ける可能性がある。スターバックスのアプリケーションがクラッシュして数時間起動できなくなってもコーヒーを入れられるが、会社の信頼性は毀損される。ブランドというのは、ブランド化されたすべての資産のパフォーマンス（出来の良さ）に関連づけて認識されるものだからだ。

　会社の信頼性を損ねる失態が起こると、すぐにメディアで大きく報道される。2012 年 8 月に Knight Capital 社という金融サービス会社は 30 分間で推定 4 億 4,000 万ドルの損失を出した。原因は取引プラットフォームのソフトウェアにバグがあり、株式市場で大量の誤発注が行われたことだった。2 日もたたないうちに同社の株価は 75% 下落した。［訳注：ニューヨーク証券取引所で発生した一連の異様な取引は、2012 年 8 月 1 日午前 9 時 30 分から午前 10 時 15 分までの 45 分間続いた。また、2012 年 10 月の第 3 四半期決算発表で、このシステムトラブルに伴う損失が当初の推定額を上回る 4 億 5,760 万ドルにのぼったと発表されている[37]。］

　成長期であるこの段階では通常、さまざまな種類のテストが実施される。King 社の場合はこの期間にパフォーマンステストをさらに掘り下げている。バッテリーやネットワーク通信量、CPU の消費量を見て、アプリケーションが顧客の期待に本当に応えているかを確認するのに役立てているのだ。

　プロダクトの成熟度に応じて品質がどう変わっていくかを検討する際に考えるべき最後のトピックは、レガシーソフトウェアをどう扱うかである。

レガシーソフトウェア

　チームが正しいテストの基礎、つまり実証段階や予測可能段階で説明したユニットテストや統合テストを構築していなかった場合、コードベースに内在している依存関係に気づかないだろう。あるコードのほんの一部を変えたことが、別の一見関係なさそうな部分にバグを埋め込む可能性もある。さらに悪いことに、この時点までに多くの開発者が（すでにプロジェクトを離れている大勢の元メンバーを含めて）そのコードベースに携わってきたために、もはやすべての依存関係を明らかにすることなどできはしない。

このような状況に陥っているチームには、マイケル・フェザーズ（Michael Feathers）の著書『レガシーコード改善ガイド』（ウルシステムズ株式会社［監訳］翔泳社・2013）をお勧めしたい。その中では次の 5 つのステップが概説されている。

1. 変更点を洗い出す
2. テストを書く場所を見つける
3. 依存関係を排除する
4. テストを書く
5. 変更とリファクタリングを行う

プロダクトが成熟して複雑になり、同時にユーザーが増えていくにつれ、品質に関する課題は変わっていく。それぞれの段階で採用すべきテストのやり方は 1 つではないが、どの段階においても克服すべき共通の課題はある。常に異なる種類のテストを組み合わせる必要があり、その組み合わせ方はプロダクトの成熟度に応じて進化させるべきだ。

多くの人が望む「銀の弾丸」という答えよりも骨が折れるが、コンテキストに特化したアプローチでテストを構築し、変わり続けるコンテキストに適応させ続けることこそが「テスト戦略はどうあるべきか」という問いへの、本当の答えである。

第 5 章のまとめ

- 製品のライフサイクルの中で、ユーザーは、イノベーターからアーリーアダプターを経て、レイトマジョリティやラガードへと増えていく。
- 製品のライフサイクルの中で、QA へのアプローチが変化するのは、大きく 3 つのカテゴリーに分けられる。
  - 実証段階：プロダクトマーケットフィットを模索する
  - 予測可能段階：スケールに向けて安定したインフラを構築する
  - スケーリング段階：マイナスの影響を最小限に抑え、成長への扉を開け放つ
- うまくいかなくなってきたというのは、必ずしも QA が失敗し始めたことの表れとは限らない。ニーズの変化に合わせて戦略を適応させることが、成功のために必要だと示唆されているのだ。

第6章

継続的テストとフィードバックループ

「ビジネスを始めてからどれだけたっていようと、常に改善の余地はある。」

— オスカー・デ・ラ・ホーヤ（*Oscar De La Hoya*）プロボクサーであり、
1992 年バルセロナオリンピック金メダリスト

アシュリー・ハンスバーガー（Ashley Hunsberger）は教育テクノロジー企業 Blackboard 社のリリースエンジニアリング担当ディレクターを務めている。同社が提供する学習マネジメントシステムは、アメリカの大学の 75% を含む 17,000 の教育機関で採用され、1 億人以上が利用している。そのリーチの広さを考えると、出来の良いプロダクトを確実に提供できるかどうかが Blackboard 社にとってきわめて重要だ[38]。

アシュリーは入社してから 14 年たつが、その間に数年かけてチームの働き方をウォーターフォール［訳注：古くからあるシステム開発モデルの 1 つで、要求定義からリリースまでの各工程を基本的にはシーケンシャル（一方向）に進めてプロダクトを開発する手法］からアジャイル開発および DevOps のプラクティスに転向させた。継続的デプロイメントモデルに移行したときに、彼女のチームは大規模なテスト自動化スイートを構築し始めた。プロダクト開発の取り組みが洗練されるにつれて、QA が追いつけなくなっていたのだ。テストの効率は保たれていたが、結果が出るまでに 5 時間から 6 時間かかることもあり、一晩中自動テストを実施させていなければならなかった。エンジニアが対応できるだけの情報が得られるまでに早くても翌朝までかかったが、それでは開発のペースに追いつくには遅すぎた。

その頃 Blackboard 社は新しく VPoE を迎えた。アシュリーはその VPoE が入社したときのことをこう語る。

　私たちはいったん立ち止まって、自分たちの QA を見直すことにしました。品質文化を信じてくれる同僚がいたにもかかわらず、品質の責任はテスト担当者が負っていました。私たちは「どうしたらデリバリーまでの時間を短縮し、生産性を高め、生活を楽にし、品質に対する私たちの哲学をささやかな役割から文化の基礎となるものへと変えられるだろうか」という問いを立てました。

　チームは会議室に全員を集め、開発パイプラインにおいてコードがどう流れるかを視覚的にマッピングし、エンジニアのコードコミットから本番環境へのデプロイまでの各ステップをハイライトした。開発パイプラインがはっきり示されると、次にその上にテストプロセスを重ね合わせた。こうしてすべてが描かれた 1 枚のキャンバスを見れば、パイプラインのどこでどのようなテストが実施され、またそのテストはエンジニアが必要としている情報を提供できているかが確認できるようになった。チームはこの図を使って、エンジニアが必要とするフィードバックができるだけ素早く提供されるために、どのテストメソッドを異なるステージで使うべきかを活発に議論した。

　たとえば、フィーチャーブランチをトピックブランチにマージした直後に、コードベースに意図しない問題が混入していないかを確認する必要がある。このためには継続的に統合テストを実施するのが最適である[39]。［訳注：ブランチとはバージョン管理システムの概念で、複数人がソースコードやドキュメントの同一部分を改変してしまわないよう目的別に設けられる分岐路のこと。フィーチャーブランチは一時的に設けられるブランチで、開発やテストに利用される。トピックブランチは複数のフィーチャーブランチを統合するブランチのこと。］

　各種類のテストをいつ実行するかを検討し、さらにビジネス価値を測るために実施しているすべてのテストを再び精査した。「最後には『実行できるテストが 1 つしかないとしたら、どのテストを選ぶか』を考えるまでになりました」とアシュリーは言う。テストのたびにこの問いを繰り返すことで、その時々にエンジニアにもたらす価値に応じてテストに優先順位をつけた。このことでチームは開発パイプラインの早い段階で 10 分以内に実行できる小規模な自動テストのセットを決め、エンジニアに素早くフィードバックできるようになった。これが、致命的な何かが壊れていないかを計測することにつながるのだ。

　テストを実施するのに丸々 1 営業日かかっていたのが、コーヒーブレイクと同じくらいの時間［訳注：仕事の合間に挟む休憩時間と同じくらいの長さを指しており、おおよそ 10 分から 20 分程度］まで短くなった。チームが問題を見つけて迅速に対処できるようになったことで、本番で発生する深刻な不具合は大幅に削減された。プロダクトラインの 1 つでこのアプローチが成功したので、現在は事業全体に水平展開している。

アシュリーとチームがリグレッションテストスイートに適用したこの最適化メソッドは、ソフトウェア開発ライフサイクル全体にも広く適用できる。

「継続的テスト」の本当の定義

継続的テストの議論でよく見るのが、開発フェーズのテスト自動化にだけ言及している光景だ。それでは視野が狭いと私たちは思う。自動テストはソフトウェア開発ライフサイクルを構成する要素の1つにすぎない。

最初のコンセプトから稼働後まで、プロダクト開発ライフサイクルのすべての段階でアプリケーションを間断なくテストできて初めて継続的テストである、というのが定義としてはより適切だろう。

開発プロセスの各段階でテストすることの利点を説明するときに、ケイパース・ジョーンズ（Capers Jones）が描いた示唆に富んだグラフ[40]を見てもらうことが多い。このグラフは、開発プロセスのどの段階で不具合が作り込まれ、またいつそれが発見されるかを比較している。こうすることで、バグが見つかった時期に応じてバグ修正のコストを概算しようとしている[41]。

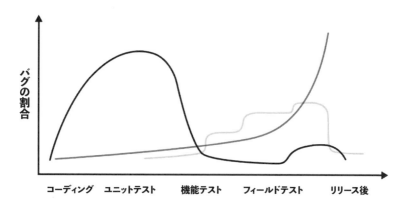

	%	当該フェーズで混入した不具合の割合
	%	当該フェーズで検出された不具合の割合
	$	当該フェーズにおける不具合修正にかかるコスト

　［訳注：このグラフはよく知られているが、出典元とされる『ソフトウェア開発の定量化手法　生産性と品質の向上をめざして　第3版』（富野壽ほか［監訳］・2010）および原書の各版（初版・第2版・第3版）においても当該グラフは記載されていないことから、ジョーンズが描いたものとは言えない。ただし、本書には多数の統計データが記載されており、おそらく2006年に当時 Foundstone 社のマルコ・モラーナ（Marco Morana）が、1996年に発行された原書第2版のデータをもとに描いたグラフが広まったものと考えられる。ただし、ジョーンズの議論によると不具合は要件定義で15%・設計で40%・コーディングで30%混入するとされており、不具合の85%がすべてコーディングで混入すると読めるモラーナのグラフは誤読を誘うものである。モラーナの資料は参考文献に示す。］

　ジョーンズの調査によると、85%以上のバグが開発の設計とビルドの段階で生じていて、ときには1行のコードも書かないうちからバグが混入していることもある。リリース後に見つかったバグは、対処に16,000ドル以上の費用がかかったという。しかし、同じバグであっても、早い段階で見つけていればわずか25ドルの費用で修正できたのだ[42]。

　問題を特定・対処するのが早ければ早いほど、長い目で見ると時間と労力を節約できる。だからこそ「継続的テスト」が開発サイクル全体に適用されるというマインドセットを持つことがとても大切なのだ。

　品質チームがプロダクト開発ライフサイクルのどの時点でもテストを通じて継続的にサポートできることが明確になれば[43]、さまざまなテストアプローチを最大限に活用するにはどうしたらいいかを検討し始められる。

フィードバックループ

　DevOps の基本書である『The DevOps 逆転だ！　究極の継続的デリバリー』（榊原彰［監修］日経BP・2014）で、ジーン・キム（Gene Kim）は次のように書いている。［訳注：次の引用の出典元は2014年発行の原書第2版以降に追加された付録「*The Phoenix Project* Resource Guide」で、初版を底本にした邦訳版には含まれていない。また、記載順序を逆にし、2箇所から引用されている。日本語訳は他の未邦訳書同様、本書訳者による。］

> 誰もが高速なフィードバックを必要としている。本番環境に対し、問題を起こすコードの流出は防ぎつつも、迅速にデプロイできるようにするためだ。……これを実現すると競争優位性が飛躍的に向上する。機能を市場に投入するまでの時間が短くなり、顧客満足度・マーケットシェア・従業員の生産性と幸福度のそれぞれが改善され、組織が市場で勝てるようになる。

　現場ではなくビジネスの視点で考えると、フィードバックループの考え方は競争の激しい今日のビジネス環境を反映したものである。大規模プロジェクトを計画し、予算を確保し、数ヶ月かけてプロダクトを製造し、最終的に市場に投入する従来のやり方でやっていける企業など、現代ではほとんど存在しない。マーケットが常に破壊的に変革されるので、産業全体が数ヶ月あるいは数週間で変わっているのだ。

　第 4 章でダン・アシュビーの「テストという活動の大部分は、自分たちが気づいていないことを新たに明らかに……する継続的な試み」というコメントを引用した。フィードバックループがなぜ役立つのかというと、チームが可能な限り早くプロダクト品質の情報を得ることにフォーカスできるからだ。フィードバックループは、エンジニアがコードをフィーチャーブランチにマージしてテストスイートを開始することがトリガーとなって始まり、意思決定に使える情報をリザルト（結果）フォームとしてエンジニアが受け取ることで終わる。フィードバックループが短ければ短いほど、チームは素早く変更に対応できる。

　だが、フィードバックループは素早いほど良いというわけではない。テストの種類が異なれば、提供される情報も異なる。Blackboard 社のアシュリーのように、どんなフィードバックが必要なのかを明らかにすることから始めると、どのタイプのテストが最適かを判断する有力な指針を得られるだろう。

　Pivotal Labs 社のデータ R&D 責任者であるエリザベス・ヘンドリクソン（Elisabeth Hendrickson）が用いているすばらしいモデルは、課題の種類に応じて答えをもたらすテストの種類も異なるという考え方に焦点を当てている[44]。

どの点に関するフィードバックが欲しいか	対応するテストの種類
意図したとおりのコードが書けているか？	ユニットテスト
意図したとおりのコードを、既存の挙動を損わずに書けているか？	継続的に実施される統合テスト
意図しない挙動を引き起こしていないか？認識していない問題はないか？	探索的テスト
新しいビルドに含まれる修正が既存の（稼働中の）ビルドに含まれる機能に影響を及ぼしていないか？	リグレッションテスト
要求したとおりの機能が実装されているか？	受け入れテスト
ユーザーがまさに求めているプロダクトを提供しているか？	ユーザーからのフィードバック
組織は正しい方向に向かっているか？　このシステムが求めているビジネス価値をもたらすだろうと自信が持てるか？	ステークホルダーのフィードバック

テストごとにフィードバックループは異なっている。かかるコストも、レスポンスタイムも、得られる情報も異なる。たとえば、ユニットテストはすぐに Pass（合格）・Fail（失敗）のいずれかの結果を示すが、それ以上のことはわからない。探索的テストの中には数日かかるものもあるが、プロダクトに関する豊富な知見が提供されるだろう。フィードバックの提供まで時間はかかるが、その価値を否定するものではない。アプローチに応じて解決される問題は異なるのだ。

プロダクト品質に関する情報を提供する適切なフィードバックループができたら、次のステップはその情報をできるだけ早く得る方法を考え出すことだ。

フィードバックループをより良いものにする 4 つの分類

テストに存在するフィードバックループを最適化する方法はいろいろある。世界最高のエンジニアリングチームと仕事をしてきた私たちの経験から、大きく 4 つのやり方に分類できることがわかった。

1. スピードよりも価値を優先する
2. 同時並行のテスト実行でスケールを拡大する
3. 継続的改善を通じて学ぶ
4. チームを生かすインフラを構築する

最初はあまりメリットが得られないと感じられるだろう。だが、時間の経過とともに、継続的改善の持つさまざまな性質によりテストの効率が全体的に向上し始めるはずだ。

スピードよりも価値を優先する

フィードバックループをより良いものにするというのは、単にスピードを上げるという意味ではない。フィードバックから得られる価値に着目することが、スピードよりも重要な場合がある。エンジニアが必要とする情報を提供していなければ、どれだけ早くテスト結果を出しても意味がない。

Blackboard 社のテストを改善するときに、アシュリーとチームはリグレッションテストの実行時間を短くはしなかった。その代わり、テストを小さなセクションに分割して最も価値のあるテストを適切なタイミングで実施できるよう注力した。

同時並行のテスト実行でスケールを拡大する

10 本のテストを順次実行しているとしよう。このとき、もし同時に実行できれば、一番手っ取り早くテストのスピードを上げられる。こうすることで、元はすべてのテ

ストを合計した分だけの時間がかかっていたのに対し、最も長いテストの時間だけがかかることになる。

　同時並行でテストを実行するには、テストが可能な限りモジュール化され、分離していることが重要だ。これにより、Sauce Labs のような仮想クラウド環境で自動テストをより速く実行できるスケーリングが可能になる。自動化できない（していない）テストを実環境でも同じスケールで実施したい場合は、クラウドソーシングのテスト実行者を利用するのが優れたソリューションだ。

継続的改善を通じて学ぶ

　チームが将来さらに速く動けるようになるために、どのように過去から学べばよいだろうか。

　時間をとって問題の根本原因を特定するための振り返りをレトロスペクティブ（retrospective）と呼ぶ。オンライン印刷を手がける MOO 社のシニアテストエンジニアであるアビー・バンサー（Abby Bangser）は、インタビューで次のように語ってくれた。「私はバグをただ気にしているのではありません。そのバグがどこでどのように見つかったのか、そもそもなぜバグが混入したのか、そしてどうすれば再発を防げるかを知りたいのです。」

　アビーはただ既存のバグを見つけたいのではなく、同じミスが二度と起こらないようにしたいのだ。この姿勢を取ることで、将来的に同じようなバグが混入する可能性を減らせる。

　アプリケーションの重要な部分をあまりテストせずにリリースしてしまうことがあるかもしれない。そうした盲点に対処すれば、同じタイプのバグが将来のビルドで発生するのを避けられるだけではなく、追加で同じ作業をする必要性を完全に排除できる。

チームを生かすインフラを構築する

　最後に、最も優れた品質チームはインフラの開発に着目している。より多くの時間を価値の高い活動に当て、なるべく影響の少ないタスクに時間を割かなくてすむツールを積極的に探している。

　これら 4 つのやり方は、どのテストの改善にも役立つ。顧客価値を提供できているかを確認するテストから、エンジニアのコードが意図したとおりに動作していることを確実にするテストまで、常に最適化できる。どこに改善の余地があるかを見つけるベストな方法は、開発パイプラインをマップ化し、どこでどのようなフィードバックが必要なのかを特定することである。

　しかし、フィードバックを活用するための適切なインフラがなければ、フィード
バックループは無駄になる。次の章ではチームの効率を上げるために最も効果がある
インフラについて概説する。

第 6 章のまとめ

- 本当の継続的テストを提供するためには、最初のコンセプトから稼働後まで、プロダクト開発ライフサイクルのすべての段階でテストを行う必要がある。
- 開発パイプラインをよく理解し、それぞれの段階でエンジニアリングチームにどのようなフィードバックを提供する必要があるかを知る。
- どんな情報が求められているかに応じて、実施するテストの種類が決まる。
- テストの種類ごとにフィードバックループは異なっており、得られる情報・かかるコスト・フィードバックまでの時間に違いがある。
- 世界最高のエンジニアリングチームと協業してきた経験から、フィードバックの最適化には 4 つの分類がある。
  1. スピードよりも価値を優先する
  2. 同時並行のテスト実行でスケールを拡大する
  3. 継続的改善を通じて学ぶ
  4. チームを生かすインフラを構築する

第7章

テストインフラへの投資

「なんでもそうですが、道具だけあっても、それをいつ・どのように・どのような理由で
使うのかがわからなければ良い結果は得られません。一番高価なフライパンを買ってきて
も、良いシェフにはなれません。」

— クリスティン・ヴィーデマン（*Christin Wiedemann*）
Slalom Build 社シニアディレクター

　チャールズ・アデーコ（Charles Adeeko）が IoT 企業 EVRYTHNG 社の品質・テ
スト部門ディレクターとして採用されたときに、同社ではクリティカルな問題の修正
とプロダクトのアップデート版のリリースに時間を要しすぎていた。チームは適正な
品質水準のプロダクトを顧客に提供していなかった。当時、社内では UI テスト自動
化の導入でデリバリーパイプラインのスピードが上がり、顕在化しているプロダクト
の品質問題を解消できるだろうと信じ込まれていた[45]。
　そんな課題に満ちた、戦場のような企業でチャールズが気づいたのは、責任ナラ
ティブとテストナラティブの両方に問題があるということだった。アジャイル開発プ
ロセス、および開発とテストのプラクティスに対するチームの考え方から着手する必
要があったのだ。UI テスト自動化だけを推進したところで（多少は効果があった可
能性があるが）デリバリープロセスを高速にしたり、プロダクト品質を良いものにし
たりするのに大きく貢献する要因にはなりえなかった。テストに時間がかかりすぎる
せいでデリバリーが遅れていたわけではなかったのだ。チャールズが真の課題の 1 つ
であると指摘したのは、問題を確認してから対処に取り掛かるまでにどれだけ時間が
かかるかだった。
　「何も修正されないのに、テストで不具合を見つけたって意味がありますか？」と
チャールズは言う。
　この問題を解決するためにチャールズがチームと協力して取り組んだのは、コード

をすぐに本番環境へとデプロイできるように継続的デリバリーのインフラを整えることだった。

エドモンド・ラオ（Edmond Lau）は著書『The Effective Engineer』（未邦訳・2015）で、Q&A サイトを構築・運営する Quora 社に参画し、初めて継続的インテグレーションと継続的デリバリーの整った環境で仕事をしたときのことを語っている。

> 参画したばかりの頃は……不安だった。新しく参入したエンジニアの最初のタスクとして、Web サイトのチームのページに自分を追加するというのがあるのだが、自分が書いたコードがいとも簡単に本番環境に適用されるのだと思うと痛快であり、また恐ろしくもあった。

ラオは「当社がインフラに対してハイレバレッジな投資を重ねたことで、このような迅速なリリースサイクルが可能になったのだ」と続けている。投資されたインフラにはコードをバージョン管理しパッケージ化するツールや、何千ものユニットテストと統合テストを並行で実施できる機構などが含まれている。ちなみに、統合テストを終えたら速やかに Web サーバー上でシステムテストが実施され、自動で本番環境にデプロイされる。さらにチームが構築したのは、数々のモニタリングツールやリリース後でもリリース前の状態にすぐにきっちり戻せるロールバック機能であった。

しかし、デプロイの速さだけに焦点を当てていてはリスキーだ。品質の悪いコードを素早く本番環境にリリースするチームの何が優れているというのか。デプロイの高速化に加えて、デプロイ後に何が起こっているのかをモニタリングし、必要に応じてすぐに元に戻したり修正したりできるインフラが欠かせない。

もし Amazon が 3 年に一度だけ重篤な不具合によりサービスが利用できなくなり、復旧に丸 1 日かかったとしたら、怒った顧客の対応に数ヶ月間追われるだろう。しかし、もしも 1 日に 3 回サービスがダウンしても復旧に 1 秒か 2 秒しかからなかったとしたら、顧客はほとんど気づかないだろう。

継続的デリバリーのようなフレームワークは、モニタリングシステムやアラートシステムを実装するための基盤として活用でき、また早期に実施されたテストで見逃された不具合を見つけ出すための本番環境でのテストも実現できる。

ユーザーが被った影響をモニタリングする

何が起こっているかを観察し、期待と異なる動作を検知したときにアラートを発報したり次の動きの引き金となるのが、モニタリングだ。もしリリース後にトラフィックが大幅に落ちていたら、それは何か重大な問題が起こっていることを示している可能性がある。

モニタリングおよびアラートシステムを構築するときに重要なのは、顧客に最も大

きな影響を与えていることをモニタリングするのに集中することだ。そうでないと、オンラインチケット販売プラットフォームを手がける Ticketmaster 社の品質チームと同じ目に遭いかねない。

Ticketmaster 社のチームはすべてのシステムでモニタリングができるよう設定していた。しかし、ユーザーに影響する問題が複数発生していて、問題を見つけるのが遅かったり、もっと悪いことにカスタマーサポートへの電話で発覚することもあった。

ベストプラクティスはないかと調べてみて見つけたのが、ロブ・エワシューク（Rob Ewaschuk）の論考「My Philosophy on Alerting」（未邦訳・2013）だった[46]。そのペーパーでは原因に基づいて（cause-based）モニタリングをするのではなく、現象に基づいて（symptom-based）、すなわちユーザーへの影響に着目してモニタリングをするように提唱されている。

ユーザーが本当に気にしているのは次の 4 点だと指摘されている。

1. **正常に使えること**：「ページが見つからない」と表示されるエラーが起こったり、画像が表示されないなどの、何かが利用できない状態でないこと
2. **レイテンシー（データ転送時間）**：データのロードが常にクイックに行われること
3. **完全・最新・永続性**：格納されているデータがセキュアに守られていて、使いたいときに使えること
4. **機能**：使いたい機能が正しく利用できること

彼は次のように述べている。

> ユーザーは **MySQL** サーバーがダウンしているかどうかを気にするだろうか？ いや、ユーザーはクエリが失敗していることを気にするのだ（ユーザーは **MySQL** サーバーの存在さえ知らない！）。サポートバイナリ（すなわち、非サービングパス）が再起動ループに入っているかを気にするだろうか？ いや、使いたい機能が使えないことを気にするのだ。データプッシュに失敗しているかどうかを気にするだろうか？ いや、取得した結果が最新のものかを気にするのだ[47]。

ロブの論考をベースに、Ticketmaster 社ではモニタリングとアラートのプロセスをよりユーザーへの影響に基づいた（ユーザーインパクトドリブン）メソッドに変更した[48]。チケットをカートに追加する・注文する・支払い方法を選択するといった、最も重要なユーザーフローをマッピングした。

それぞれのフローについて、エラーやレイテンシー、ページのタイムアウトといったユーザーが苦痛に感じるソフトウェアの挙動を示す、観察可能な指標を定めた。ア

ラートがユーザー目線で発報されるよう、フロントエンドの Web サービスとモバイルアプリケーションと接続する API レイヤーにアラートをセットした。

興味深いことに Ticketmaster 社のチームは当初、アラート通知にシンプルに E メールを使っていた。Slack・HipChat・Microsoft Teams といったメッセージングプラットフォームを使うこともできたのだが。E メールの設定を微調整すると複数のエンジニアリングチームがアラートに強い関心を示すようになり、うまくいった。副次的なメリットがあることもわかった。アラートによってすべてのチームの間でコミュニケーションが活発になったのだ。全員が同じ E メールを受信するので、アプリケーション全体で起こっているさまざまな問題を常に・同時に認識できたのである。

最終的には E メールから専用のインシデント管理プラットフォームに移行し、常に発報可能なアラートやオンコールスケジュール、エスカレーションポリシーを管理するようになった。アラートが発報されたときには、誰もがユーザーへの影響を明確に把握できたし、問題を修正するために当番制で待機するエンジニアからの反発もほとんどなかった。それはたやすいことだったと彼らは言う。

> 全体的に、現象に基づいたアラートに重点を置いたことが功を奏しました。迅速に問題を検出し、対応できるようになりました。サイトはより安定し、私たちのファンにより良い体験を提供できるようになったのです[49]。

モニタリングとアラートがユーザーに与えるインパクトに着目して整備されると、チームは何がユーザーに価値をもたらすかを考え続けるようになり、そのことが品質プロセス全体の状態を示す遅行指標となる。［訳注：遅行指標（lagging indicator）は経済用語で、景気の転換点に対して遅れて現れる指標のこと。ここでは、品質プロセス全体の状態の変化を、多少のタイムラグがあるにせよ、察知できるようになることを意味している。］

本番環境で常にアラートが発報されている状態なら、ソフトウェア開発ライフサイクルの早い段階でプロセスを調整する方法を見直すのが賢明だろう。

本番環境でのテスト

本番環境でのテストというと、以前は未熟なプログラミングとひもづけて捉えられ、テストをほとんどしないままプロダクトをリリースし、ひどいユーザー体験をもたらす考え方とされてきた。だが、ここ数年で、本番環境でのテストがいかにプロダクトの品質向上につながり、堅牢なシステムを構築できるかに関心が集まっている。

本番環境でのテストにはさまざまな考え方があるが、ほとんどのテスト環境（ローカル環境やステージング環境など）が本番環境とあまり類似したものではないという問題は、誰もが認識している。環境設定やデータセット、アセット［訳注：ネット

ワークやデータベースなどの利用できる資源］が異なった環境では UX が変わってしまう可能性がある。

そこで、ユーザーが利用する本番環境でテストを行うことでプロダクトの品質をより正しく把握できるという考え方がある。Guardian News & Media 社のようなメディア企業が選んだアプローチだ。

1821 年からイギリスで発行されている全国紙『The Guardian』紙は 1999 年にオンライン版をローンチし、その後も『Guardian US』と『Guardian Australia』を追加した。プラットフォーム全体で現在、月に 1 億 5,000 万人のユニークユーザーがいる。

イギリスを代表するこの新聞社で品質責任者を務めたサリー・ゴーブル（Sally Goble）は、どのように本番環境でのテストを実施したかを語ってくれた。長年にわたって彼女のチームではリリース前に実施する自動テストを書くことに注力してきた。しかし、彼女の言葉を借りると、そうして整備した自動テストは「実施したところで安心できる代物ではなく、実行に時間がかかるうえに不具合ではないのに不具合だと誤判定することが多かったのです。常にリファクタリングをし続けなくてはならないほどフレーキー（flaky）［訳注：何らかの理由で実行するたびにテスト結果が Pass（合格）になったり Fail（失敗）になったりと不安定な状態］な自動テストでした[50]。」

こうした実情から、開発エンジニアは品質チームの取り組みに関わろうとしなかった。信頼できるテスト結果が出てこないうえにリリースプロセスを遅らせる自動テストに腹を立てており、率直に言って、無駄なテストに時間を奪われたくなかったのである。

サリーはこの状況を受けて、リーンな視点から QA を考えるようになった。リリースプロセスをスローダウンさせることなくプロダクト品質を向上させることが、彼女のチームの目標だった。

開発エンジニアが継続的にデプロイし、重要な指標に関わる影響をモニタリングし、問題が発生したときにロールバックできる強固なインフラが整備されたらどうだろうか。リリース後も含めた後工程で不具合が見つかるリスクを取れるのではないか。

チームが最初に取り組んだのは開発フェーズで実施される必須事項のテストを小さく保つことだったが、後に本番環境でのモニタリングと自動テストを充実させる方向に舵を切った。開発チームと品質チームの全員がこの考え方に慣れてくると、改善すべきポイントに気づくようになった。品質チームはプロダクトの最も重要な部分に時間をかけられた。開発エンジニアは開発プロセスの各段階で必要とする適切なタイプのフィードバックを得られるようになったことで、以前よりもテストに価値を見出すようになった。

サリーのチームメンバーだったヤコブ・ウィンチ（Jacob Winch）は次のように語る。

> 開発者は自身のコードが現実世界で正しく動作していると確認することを通じて自信をつけるべきであり、実情を反映していない環境でテストケースがすべてパスしているからといってよしとするべきではない、という信条がチームにありました。デプロイ前に実施するテストを最小限に抑える一方で、本番のサイトで実行されたテストのフィードバックを含めるようデプロイパイプラインを拡張しました。

品質ナラティブが完全に変化したのだ。

とはいえ、誰もがサリーや彼女のチームのようなやり方ができるほどリスクを許容できるわけではない。そこで、本番環境でのテストをより単純にした「カナリアリリース」をプロセスに導入するという手もある。

この用語は「炭鉱のカナリア」という昔の坑夫の実践知に由来している。炭鉱での掘削作業中に空気が悪くなり酸素が少なくなると、カゴに入れたカナリアは鳴かなくなってすぐに死んでしまう。これは危険が迫っていることを坑夫が早く知るための警報装置だった。

カナリアリリースは、プロダクトを開発する社内チームや一部のユーザーだけに対し、限定的に機能をリリースする手法だ。肯定的なフィードバックを得られれば他のユーザーにもその機能をリリースし、否定的なフィードバックがあった場合には変更をロールバックして以前のビルドに戻し、その機能のテストをさらに進めることになる。新しい機能の影響を受けるユーザーをごく一部に絞り、どのように受け入れられるかを確かめるのである。

急いては事を仕損ずる

『Distributed Systems Observability』（未邦訳・2018）を著したシンディー・スリダラン（Cindy Sridharan）は、Medium［訳注：2012年から運営されている電子出版のWebサービスで、ネットワーク構築に力点を置くブログのプラットフォーム］に載せた記事「Testing in Production, the safe way」（未邦訳・2018）で、本番環境でのテストを適切に実施するには、より高度にセットアップされたインフラが必要であると強調している[51]。

> 私が主張したいのは、本番環境でのテストを成功裡に安定して実施するには、自動化を相当に推進しベストプラクティスに習熟したうえで、本番環境でのテストに適したシステムをゼロから設計する必要があるということです。

　一方で、本番環境でのテストはあらゆるプロダクトで効果があるわけでもなければ、他のテストを完全に代替できるものでもないと理解することが重要だ。あくまでも継続的テストの一環でプロダクトの情報を得る、いくつかある手法の 1 つにすぎない。本番環境でのテスト以外は一切テストをしないというなら、とんでもない事態を招きかねない。OkCupid 社で何が起こったかを見てみよう。

　OkCupid 社がまだ規模の小さな会社だった頃、当時 CEO だったマイク・マキシム（Mike Maxim）はチームに「技術的負債の対応にかまけて前進気勢を犠牲にはできない」と言った[52]。テストのフレームワークは「ややアカデミックな、実用的というよりも高尚なもの」だと考えられていた。[訳注：アカデミック（academic）には「学究的」「空理空論」というニュアンスが含まれている。]

　彼らが主に実施していたテストは、少数のユーザーに限定して機能をリリースして何が起こるかを確認するというものだった。すなわち、プロダクトはクラッシュしたりしていないか、ユーザーからの苦情はなかったかなどを確かめていた。Guardian News & Media 社のチームのように、何か問題が起こったらロールバックをするか、緊急パッチで対応することになっていた。

　デール・マーコウィッツ（Dale Markowitz）は、OkCupid 社にジュニアエンジニアとして参画したときに、小規模な機能をビルドして本番環境に投入するように指示された。指示通りに機能をプッシュしてせいぜい 3 ユーザーほどの利用状況を確認した後で、その機能を OkCupid のサービスサイト全体に展開した。デールが休憩から戻ってくると問題が起こっていた。サイトがダウンし、すべてのサーバーがオフラインになっていた。いつものようにエンジニアたちは同時にコードを本番環境にプッシュしていたが、複数のコミットを迅速に振り分ける適切なインフラが構築されていなかったせいで、原因となったコードがなかなか特定できなかった。結局はデールがコミットした、テストされていないコードの一部が原因であるとわかったが、サイトは 1 時間以上ダウンした。オンライン B2C サービスにとっては果てしないと言っていいほどの時間だ。

　GitHub 社のエンジニアリングマネージャーであるミーガン・ルイス（Meaghan Lewis）は私たちとの対話の中で、本番環境にリリースする前に品質向上に投資することの重要性を改めて強調している。

　　　事前にテストプロセスを用意しておき、開発中に定期的にテストを実施するのが良いでしょう。実際にリリースする頃には自信を持ってリリースできるようになっているはずです[53]。

　私たちはよく GAT 社の品質チームに「品質プロフェッショナルの役割はユーザーのために修正がなされるまで終わらない」と言っている。品質はテストだけの話ではないし、素早いデプロイとは質の悪いコードを矢継ぎ早にデプロイすればよいという意味ではないのだ。

　大切なことは、コードが本番環境で稼働したら、ユーザーがプロダクトを最高の状態で体験できるよう支援するインフラが必要だと認識することだ。これは、EVRYTHNG 社のチャールズのようにインフラを構築する初期段階で新機能や不具合修正の迅速な提供に耐える継続的デプロイにフォーカスしていても、あるいは、Guardian News & Media 社のサリーのように取り組みが高度になりモニタリングとテストにフォーカスするようになっていても、変わらず重要である。

第 7 章のまとめ

- 品質を上げる方法はテストだけではない。問題を迅速に修正できるようなインフラが整備されていることも重要である。
- 継続的デリバリーが実装されると、本番環境で問題が発見された場合に迅速にリリースしたり、ロールバックしたりできる。
- モニタリングとアラートシステムは「原因ベース」ではなく「現象ベース」であるべきだ。これにより、チームはユーザーが被った影響に集中できる。
- 本番環境でのテストでは、ユーザーが使用するものに最も近い環境でテストを行い、プロダクトの品質を最も明確に理解できる。
- 本番環境でのテストを実施するにはベストプラクティスに習熟していなくてはならず、それさえやればその他のテストは不要などと考えるべきではない。

セクションⅢ

成長を加速させるチームにする

第8章

チームと会社の成長指標

「忙しく動き回ってもビジネスは成長しない。収益はストーリーポイントを売って得るものではない。ビジネスを成長させるのは顧客に評価される新機能を提供するなどの成果である[54]。」

— メラニー・ジーグラー（*Melanie Ziegler*）VPE フォーラム創設者

　数年前にニューヨークで若い QA エンジニアと昼食の席で話をした。彼は大学のキャンパス向けにすばらしいバーチャルリアリティツアーを構築する会社で働いていた。そこで私は、チームにとって最も重要な指標（メトリクス）は何ですかと尋ねてみた[55]。

　「バグが 0 件であること（バグゼロ）です。」とためらいなく彼は答えた。

　幸い、彼は私が眉をひそめたのを見てはいなかったが、私は心配になってしまった。バグゼロというのは成長著しいスタートアップでは事実上達成できないうえに、まったく見当違いの指標だったのだ。

　どのようないきさつでその指標に決まったのですかと、心情を悟られないよう中立的な口調で尋ねた。

　彼の答えは特段目新しいものではなかった。最新のリリースでユーザーが見つけた大量の問題の火消しに CTO が追われたことで、品質チームがゴールとする指標としてバグゼロが設定されたのだという。

　ここでバグゼロという指標が良くないと考えた理由は 2 つあった。まず、価値にフォーカスして設定された指標ではなかったことだ。「バグゼロ」はビジネスに最大の価値をもたらすだろうか？ ビジネスの成長につながるだろうか？ そして、すべてのバグを修正することがユーザーにとって重要なことだろうか？

　そして、責任ナラティブがまったく誤っていることだ。彼が状況を詳しく語ってくれて判明したのだが、バグに対する責務はテストチームだけが負うものと考えられ、

バグを減らすために他のチームが果たした役割が無視されていたのである。

そのとき私たちは、彼が行っていたオペレーション業務を目に見えないビジネスゴールと整合させるにはどうしたらいいかを議論していた。そこで彼が尋ねたのは、私とオワイスがカンファレンスでよく受けるのと同じ質問だった。「QA がサポートの役割しか担っていない組織で、どうしたら QA とビジネス指標を結びつけられるでしょうか？」

この質問に対しては、別の質問で答えることにしている。「社内で今、会社がどのように成長していくかを測るために使っている指標の中で、中核となるものはなんですか？」

よくある回答としては、収益・売上・利益・アクティブユーザー数、あるいはその他の成果主導の指標が挙げられる。そこで、次にこんな質問をする。「では、あなたのテストチームの成功を測る品質の指標にはどんなものがありますか？」

この質問に対する一般的な答えは、テスト実行にかかる時間や検出バグ数などだ。これらは作業ベース型の指標と言い換えられるだろう。作業ベース型の指標の問題点は、ビジネスが推進する成果主導型の指標に対して品質保証の取り組みがどれだけ貢献しているかを測定しにくいことである。こうした議論を通じて、自分たちのテストチームが影響力のないものを計測していることに気がつくのだ。

『リーン・スタートアップ』（井口耕二［訳］日経 BP・2012）で、著者のエリック・リース（Eric Ries）はこれを「虚栄の評価基準（vanity metrics）」と呼んでいる。成果につながっているように感じられるが、行動につながりにくく、ビジネスの成功とも相関しない数値である。検出バグ数のほかには、登録ユーザー数・ダウンロード数・ページビュー数などが虚栄の評価基準だ。こうした指標は、特にすべてがうまくいっているときには良さそうな感じがするものだ。しかし、検出バグ数がいくつだとか、自動テストスイートの実行時間を半分にしたなどといったことを顧客は気にするだろうか？　これらは間接的な測定値であり、突き詰めた先で問題となるもの、たとえば期間内のアクティブユーザー数・エンゲージメント・新規顧客あたりのコスト・利益といった指標ではない。

先ほど例示したビジネス指標と品質の指標に対する典型的な回答を比べると、ビジネスの成功を測る方法と QA の成功を測る方法との間に関連がないことがわかるだろう。ビジネス指標は定量化できる結果に着目したものである一方、品質チームの指標は結果よりも行動にフォーカスしている。後者は概してビジネスの成果に対する測定可能な効果がほとんど見られない。

テストにかかる時間を半分に削減しても、収益や売上への影響はゼロだ。見つかったバグの数をほとんどゼロに減らしたところで、アクティブユーザー数が急増したりはしない。突き詰めると、テストチームが重視する指標は会社の成長を促すものであるべきだ。

　カンファレンスでは最後に次の質問を投げかけている。

　「会社に一番大きなインパクトを与えられる、あなたのチームの指標はなんですか？」

　この質問が意図しているのは、ビジネスの成長と品質チームが着目している物事との間の橋渡しである。QA の役割がサポートだとみなされるのではなく、むしろ成長の原動力に変えられるのだ。

　さて、品質チームが会社の成長を支えるにはどうしたらよいのだろうか。

すべてを動かす、たったひとつの評価基準

　世界最大のミールキット企業 HelloFresh 社に QA ディレクターとして参画したイリヤ・サハロフ（Ilya Sakharov）は、品質チームが事業から孤立していることに気がついた[56]。

　いくつかの部署と話してみたところ、コミュニケーションギャップがあることが明らかになった。品質チームは会社にとって重要なことは何かを考慮せずにテスト戦略を策定しており、そのことが部署間の関係に影響していた。

　変化を起こすためにはすべてのチームの連携が欠かせないとイリヤは考えていた。HelloFresh 社では OKR（Objectives and Key Results：目標と主要な結果）を導入し、すべてのチームが向く方向を揃えた。OKR とは Intel 社のアンディ・グローブ（Andy Grove）が考案し、Google 社などで使われている目標設定フレームワークである[57]。HelloFresh 社の最重要指標はミールキット［訳注：英語でレシピボックス（recipe box）と呼ばれる、食材・調味料・手順を記載したレシピなどが一通り揃っていて、誰でも簡単に調理できるよう準備されたキット］の定期購入（サブスクリプション）契約者数であった。

　イリヤが最初に着手したのは、チームがサブスクリプション契約者数のデータを見ていることと、なぜそれが大切なのかをチームが理解しているかを確認することだった。続いて、状況がサブスクリプション契約者数にどう影響するか話し合うようチームに促した。テスト対象についてリスクベース分析を行うにあたり、よりサブスクリプション契約者数に大きな影響がある部分に集中するためである。チームはこのなじみのない考え方をものにして、サブスクリプション契約者数に影響を与える新しいやり方を考え始めた。

　一例を挙げると、HelloFresh 社では、開発インフラのクリティカルな部分に A/B テストを使うことで、プラットフォーム全体のコンバージョン率を最適化していた。A/B テストは反復して行われるのが常なので、あまりクリーンとは言えないコードができあがっていた。A/B テストでの結果、劣ると判定された部分のコードは削除されるので問題にはならない一方で、選別に勝ち残ったコードがそのまま本番環境に

マージされると問題につながることもあった。サブスクリプション契約者数という指標に着目することで、品質チームはA/Bテストを重要なものと位置づけ、以前よりも注意を向けるようになった。［訳注：「勝ち残ったコード」の部分は、原著ではthe winning testとあるが、A/Bテストで勝ち残ったthe winning codeを指すと捉えて訳出した。］

　仕事に対する品質チームの姿勢も変わったという。自分たちが会社の成功に対し、どう貢献しているのかが明確になったことでモチベーションが上がった。プロダクトマネジメントやエンジニアリングなど他チームもその変化に気づき、すべての部署間でのクロスファンクショナルな関係が強化された。

　チームそれぞれの目標ではなく、共通で設定される目標の1つに向けて調整することで、チーム間の対立を減らせる。HelloFresh社の品質チームと他部門との会話は、広い視野で品質チームがどのように貢献しているかが明らかになったことでスムーズになった。しかし、より重要なのは、本番環境に流出するクリティカルな不具合の数が減ったことだ。

　イリヤが「ミールキットのサブスクリプション契約者数」に焦点を当てたことは、第1章で説明したuSwitch社のCTOマイク・ジョーンズが品質チームとエンジニアリングチームに「ユーザーが電力会社を切り替えた数」という指標に目を向けさせた事例を思い起こさせる。マイクもイリヤも、チームを重要なことに集中させたのだ。

　では、フォーカスするべき指標や数字をどうやって判断したらよいだろうか。私たちが観察したところによると、最高の企業には全社的な指標があり、それこそが、すべての意思決定・すべての部門運営・すべての個人の努力の原動力になっているようだ。

　それを「成長指標（growth metric）」と呼ぶ。

チームのための適切な成長指標を選ぶ

　イリヤのように、OKRなどのフレームワークを使ってリーダーシップチームから成長指標が明確に伝えられている運が良い人がいる一方で、どの指標に焦点を当てるべきかが必ずしも明確ではない人もいる。

　業務で達成できる感覚を持てない大企業の共通の指標より、下位の指標や部門ベースの指標に目を向けたほうが理にかなっている場合や、自社の既存の指標が曖昧すぎる場合もある。ここで重要なのは、どの成長指標が企業に最も価値をもたらすかを見極めることだ。

　プロダクト分析を手がけるAmplitude社が11,000社以上の指標を調査したところ、成長指標には主に、アテンションベース（注目ベース）・トランザクションベース（取引ベース）・プロダクティビティーベース（生産性ベース）の3タイプがあることがわかった[58]。

アテンションベースの成長指標

　メディアやゲーム業界の多くの B2C 企業のように、プロダクトの本質がエンターテインメントや情報を提供するものである場合には、アテンションベース（注目ベース）の成長指標を検討するとよさそうだ。これは、プラットフォーム上でユーザーがどれだけの時間を費やしたかに着目した成長指標である。

　消費者向けインターネット企業は DAU（Daily Active Users：日ごとのアクティブユーザー数）に着目することが多い。DAU にフォーカスすることで、チームはユーザーに毎日プロダクトを使ってもらうことに集中できる。たとえば提供しているプラットフォームが毎日利用するだけの価値があるかを確かめる活動などが考えられるだろう。だが、それだけではなく、DAU への取り組みを通じて収益性を高めることでビジネスを支えられるのだ。

　適切な指標を見つけるために、企業によってはもう少し深く掘り下げる必要がある。Netflix 社のコアとなる成長指標はなにか、想像してみよう。視聴された動画の本数、もしくは、サブスクリプション契約の収入だろうか。実は、同社の CPO ニール・ハント（Niel Hunt）によると、ストリーミングサービスが成功したかどうかは視聴時間に手を加えたバリューアワー（valued hours）と呼ばれる指標で測っているという[59]。バリューアワーはユーザーの視聴時間数を単純に集計したものではない。ユーザーの総視聴時間に対して各番組がどれだけの視聴時間を占めているかを見たものであり、これで番組の成功度合いを測定している。

　ある加入者がある番組ばかりをずっと視聴している状態を考えよう。このとき、その番組はその加入者にとって本当に重要なものに違いない。このように、特定の番組以外はほとんど見ないという加入者がたまにいるが、彼らは事実上、1 つの番組だけを見るために Netflix 社にお金を支払っていることになる。Netflix 社では、1 つの番組に費やされる時間が長いほど、その番組が成功していると考えられているのだ。

トランザクションベースの成長指標

　たとえば E コマースやサブスクリプション、あるいはマーケットプレイスなどのプラットフォームといったプロダクトの場合、その本質的な価値はユーザーに商品やサービスを購入させることだ。こうしたビジネスを手がける企業の効果的な成長指標は、ユーザー体験を最適化すること、および、購入行動の摩擦を低減させることに着目して設定される。

　Airbnb 社のようなマーケットプレイスを提供する企業が着目しているのは、買い手（宿泊客）と売り手（ホスト）が予約を行う際に生じるトランザクション（取引）だ。

予約が成立した宿泊数を測定することで、宿泊者とホストという両方のユーザーが Airbnb というプロダクトから最も価値を得るポイントを把握できる。Uber や Lyft［訳注：いずれもライドシェアのプラットフォーム］などのプロダクトの場合、同様の指標に乗車完了数があるが、これも買い手（乗客）と売り手（ドライバー）の両方に平等にサービスを提供しており、双方のユーザーが最も価値を得るポイントを測定している。

プロダクティビティーベースの成長指標

　B2B 領域で利用されるプロダクトは通常、デジタルタスクやワークフローを完遂できるよう顧客を支援する。ソフトウェアを利用することで、顧客は自身の生産性を高めたいのである。こうした場合にはユーザーの活動に基づいた指標が役立つことが多い。すなわち、顧客が与えられたタスクをどれだけ素早く成功させられるかに、チームは焦点を当てるべきだ。

　史上最高の急成長を遂げているエンタープライズテック企業 Slack 社は、2,000 以上のメッセージを送信したチームの数を成長指標としている[60]。同社の CEO にして共同創業者であるスチュワート・バターフィールド（Stewart Butterfield）の言葉を見てみよう。

> どの企業が私たちに賛同してくれたか、あるいは賛同してくれなかったかの経験に基づいて、2,000 通以上のメッセージをやり取りしたチームは、すべて Slack を本当に試したのだと私たちは判断しました。（中略）その結果、他の要因がどうであっても、2,000 通のメッセージをやり取りした顧客の 93％ が今日も Slack を使用しています[61]。

　次の問いがいかに明瞭であるか、考えてみてほしい。「どうすればより多くのチームにメッセージを 2,000 通やりとりしてもらえるだろう？　それを阻む品質問題はなんだろう？」

　成長指標を見定めるには、まず 3 つのタイプから 1 つを選ぶことだ。自社に合うタイプがいくつかあったとしても、まずは自社のビジネスと最も相性が良いものを見つけるようにしよう。

　次に顧客がどのようにプロダクトから価値を得るかを書き出してみよう。複数のアイデアが出てきたら、自社のビジネスに最も大きな影響を与えるであろう成長指標を 1 つだけ選ぶのである。行き詰まったときは別の成長指標のタイプに着目してみて、それが新しいアイデアの発想につながるか試してみるとよいだろう[62]。

　ほかの指標にも目を向けてみよう。SRE（Site Reliability Engineering：サイト信頼性エンジニアリング）チームではよく MTTR（Mean Time To Recovery：平均復

旧時間）という指標を使っている。これは問題が発生したりシステムが停止したりしてから復旧にかかった平均時間を測定したものだ。システムがダウンした回数ではなく、問題がどれくらいの時間続いたかに焦点を当てていることがこの指標のすばらしいところである。なぜそれがすばらしいのか。ユーザーが本当に気にしていることだからだ。

　注目すべき指標はほかにもあり、上記は一例にすぎない。成長指標のゴールは、ほかのすべての指標を置き換えることではない。チームをマネジメントし、ビジネスを前進させるために、あらゆる情報を利用するべきだ。しかし、優れた成長指標があれば、あなたとあなたのチームが本当に重要なものに集中し、またそれを改善することでほかの不可欠な指標に良い影響を与えられるだろう。

成長指標がテストを変える

　成長指標を見出したら、それに応じて品質へのアプローチをどう変えるかを判断できる。成長指標に注目することで、まず第一に、品質問題の優先順位のつけ方がわかるようになる。成長指標に影響を与える問題にこそ、最初に重点を置くべきである。

　ヨーロッパの格安航空会社 Wizz Air 社では予約された便数に着目しており、品質チームがバグなどの問題を扱うときにはフライト予約にどのくらい影響があるかで深刻度をランクづけしている。コンバージョン率の高い企業になることを全体では目指しており、それは品質チームにも反映されている。

　先述の HelloFresh 社では、チームがある問題への優先順位をつけるときにミールキットのサブスクリプション契約者数という成長指標に照らして検討する。たとえば、次のような問いが提示される。

- この問題は現在、何人のサブスクリプション契約者に影響を与えているか？
- この問題が今後、何人のサブスクリプション契約者に影響を与える可能性があるか？
- この問題が修正された場合、サブスクリプション契約者にはどのような影響があるか？

　続いてチームは、タスクを実施することでどれだけのサブスクリプション契約者に影響を与えるかを概算で見積もる。変更がなされた後はモニタリングして期待通りに指標が変化したかを確認する。

　このように問いを立て検証することで、チームは自分たちの作業をビジネスのコアとなる成長指標に結びつけられる。すなわち、自分たちの取り組みの価値を正確に自チーム内で、あるいは同僚やマネージャーと共有できるのだ。

　成長指標を用いることで実現できる第二の点は、クロスファンクショナルなチームワークが増えることだ。グロースハックの名づけ親であるショーン・エリス（Sean Ellis）がLogMeIn社のVPoM（Vice President of Marketing：マーケティング部門長）を務めていた時期に、LogMeInの新規登録者の95%が一度もリモートコントロールセッション［訳注：PCを別の場所から操作する機能］を利用していないことが判明した。

　　エンジニアリング・プロダクト・マーケティングが一丸となってサインアップ後の機能利用率に焦点を当てるには、数多くの実験と数ヶ月の期間を要しましたが、そのあとにはビジネスが急激に成長し始めました。サインアップ後の機能利用率が1,000%改善したのです。思いもよらないことでしたが、ノーススターメトリックを動かした各レバーの間には、非常に多くの相互依存性がありました。ユーザーが最初にすばらしい体験をするようになると、リテンションが大幅に向上し、利益が大幅に改善し、ユーザーに紹介された新規登録者も大幅に増加しました[63]。

　ノーススターメトリック（North Star Metric）は本書で企業の「成長指標」と呼んでいるものに相当する。

　必要なのはこのような評価基準なのだ。

　優れた成長指標は、1つのチームではすべてを動かすことができないほど高いレベルに置かれている。この共通のゴールがあれば、品質チームが他チームと連携できる。たとえば、データサイエンティストと協力して正確にユーザー行動の情報を得たり、カスタマーサポートチームと協力してヘルプデスクのチャットにアクセスしたりといった活動が考えられる。

　成果を出すリーダーになるには、自チームが何をしているのか・どこに向かっているのかを明確にしなければならない。成長指標を用いることで、インパクトの大きいタスクにチームが集中でき、企業の成長につながる。アウトプットや作業の測定に気を取られると、つまり多くの企業がやっているようにテストの進捗を測定していたりすると、チームは多忙になり迷走する。成果主導の指標を測ることで、ビジネスの成長に前向きに貢献できる大きなチャンスが得られる。

　成長指標を、品質をリードするための導きの星としよう。

第 8 章のまとめ

- 成長指標は企業の成長に最も大きな影響を与え、顧客が企業のプロダクトやサービスから最も価値を得ているところに見出される。
- 成長指標は主に 3 タイプに分類される。
  - アテンションベース（注目ベース）：B2C 企業でよく適用される
  - トランザクションベース（取引ベース）：E コマースやマーケットプレイスを手がける企業でよく適用される
  - プロダクティビティーベース（生産性ベース）：B2B 企業でよく適用される
- 成長指標を特定するには顧客に提供しているコアバリューを調べ、それを測定に利用する。
- 企業の成長指標が何であるべきかが特定されたら、品質に関わるすべての活動をその指標に集中したものにする。こうすることで、企業の成長を促進するものを中心としたチーム連携が図れる。

　成長指標の作成に役立つワークシートは、原著のサイトで氏名・メールアドレスを登録することで入手できる。［訳注：英語版のみ］

https://www.leadingqualitybook.com/

第9章

ローカルペルソナ

「私が常に念頭に置いてきたのは、顧客体験から始めるべきで、テクノロジーについては後から考えるということだ。」

—— スティーブ・ジョブズ（*Steve Jobs*）Apple 社共同創業者

Airbnb 社のエンジニアは出張をする。それも何度も。

これは同社が「共感エンジニアリング（Empathy Engineering）」を実践しているためだ。エンジニアが顧客や顧客を直接サポートする人と一緒に時間を過ごすことで、プロダクトや機能の開発にあたって顧客がどう考えるかを理解できるようになる。

あるとき、エンジニアのドミトリー・アレクシェンコ（Dmitry Alexeenko）はオレゴン州ポートランドに出張した。現地でカスタマーサポートチームやエージェントに会い、顧客がどんな問題に対処しているのかの理解が深まったという[64]。

ドミトリーはその後、東京・ソウル・シンガポールなどアジア太平洋地域を巡った。西洋から東洋へと移動してすぐに重大な違い、特に、Airbnb のアプリケーションが使われる状況の違いに気づいた。共感エンジニアリングへの投資が実を結んだのである。

彼は Oppo・ZTE・Vivo ［訳注：いずれも中国のスマートフォン製造メーカー］などの聞いたこともないようなブランドのデバイスを使っている人々を目の当たりにした。ソウルではオンライン決済のプロセスがなじみのない複雑なものだった。調べてみると、1999 年に韓国政府が制定した法律により、ActiveX を有効にした旧バージョンの Internet Explorer（Microsoft Edge の前身のブラウザ）でないとオンライン決済ができないとわかった[65]。［訳注：原著刊行後の 2022 年 6 月 15 日に Internet Explorer のサポートはすべて終了した。］

日本では、メッセージングアプリケーションのデザインが欧米で見慣れたものとは異なり、アイコンやステッカーには西洋風アニメではなく日本のマンガ風のものが使

われていた。Web ページも機能が目立たないよう隠されたミニマルデザインではなく、ごちゃごちゃとたくさんのオプションが前面に表示されたものだった。

　この出張を通じてドミトリーは Airbnb 社の顧客に対する新たな視点を得た。彼のチームは単一の均質なマーケットではなく、むしろ複数のペルソナで構成され、急速に拡大するグローバル市場に向けて、プロダクトを開発したりテストしていた。

　もしチームが成長指標に向けて注力しているなら、顧客の視点から考えることがますます重要になっているとわかってくるだろう。成長指標は顧客がプロダクトから価値を得る、その瞬間を表しているからだ。

　企業がグローバル規模で成長していると、プロダクトを利用するユーザーの体験が理解しにくくなる。そのときにチームが目を向ける必要があるのは「ローカルペルソナ」と呼ばれる、よりニュアンスを表現したユーザーペルソナである。それぞれのユーザーがどんなデバイス・OS を、どんな場所で利用するかがわかれば、可能な限りペルソナに近い環境でテストするにはどうしたらいいかを検討できるようになる。

ローカルペルソナ：顧客を知る

　マーケティング部門とプロダクト部門は常に「誰が顧客なのか」を問うことでメッセージを磨き、顧客と想定している人に向けてプロダクトを提供しているかを確かめる。オーナー・オリー（Owner Ollie）やマーケティング・マリー（Marketing Mary）やエンタープライズ・エリン（Enterprise Erin）[66]といったさまざまなペルソナを創造して、平均的な顧客がどのような人物なのかを描き出している。

　こうしたペルソナがあると会社全体で使いたくなるだろうが、エンジニアリングチームや品質チームにしてみれば、実際のユーザー体験は単純化されたペルソナよりも多様で複雑だ。

　アプリケーション利用者のユーザー体験は利用しているデバイスや OS、そして場所によって、まったく新しいものとなる。そのうえで、顧客は初めて使うアプリケーションが自身にとって完璧に動作すると期待している。

　3 年間に 125 ヶ国でビジネスを展開することに成功した GoDaddy 社でプラットフォーム開発およびグローバリゼーション責任者を務めるジェームズ・キャロル（James Carroll）は当時、グローバル展開で成長を遂げるためには各地のマーケットに合わせてビジネスをテーラリングする必要があることがすぐにわかったという。「顧客とのあらゆる接点を通じ、現地の企業として存在感を示さなくてはなりません。地域に密着したプロダクトを提供しなくてはならないのです[67]。」

　地理的要素あるいはデバイスの種類など、ユーザーベースが多様であればあるほど重要になってくるのは、プロダクトがローカルペルソナに対して確実に価値を発揮できるかを確かめられるよう、テストをローカライズできるかどうかだ。

だが、ローカルペルソナに対して価値提供できるかを知ることが、成長の加速にどう役立つのだろうか？

ローカルペルソナと企業の成長

企業を成長させるには新規顧客を獲得できるだけでは不十分だ。既存顧客からの収益を維持・拡大する必要がある。成長指標を動かすためにローカルペルソナを利用するときに、ほとんどの企業はまず既存顧客に目を向けることから始める。その狙いは何か。プロダクトチームが新機能を開発する目的が既存顧客のエンゲージメントを高めるためであろうと、プロダクトから得られる価値を高めてもっと使ってもらうためにはどうしたらよいかを見定めるためであろうと、無駄なことにリソースを割こうとしているわけではないと確認するためだ。

次に目を向けるのが新規顧客の獲得だ。プロダクトを最初に使ってもらうときのオンボーディングでの体験にフォーカスし、ユーザーがプロダクトの真の価値を理解する「アハ体験」をできるだけ早い段階でもたらすようにする。

既存顧客・新規顧客のどちらに対しても、ローカルペルソナの概念は成長指標を動かすべくテストにどうアプローチするかを考えるのに役立つだろう。

既存顧客の維持・拡大

既存顧客のリテンションや拡大を重視している企業であれば、まずは現在のローカルペルソナがどのようなものかを理解する必要がある。Google Analytics や AppDynamics といった社内分析ツールを使えば、アプリケーションを利用している既存顧客がどの OS を搭載したどのデバイスを使い、どの国や地域で使っているのかといった情報が得られる。そのデータに含まれる最も多くの利用者層をベースに形成したローカルペルソナがあれば、どんなテストを行うべきかを考える指針になるだろう。

社内分析ツールのデータが必ずしもその背景も含めた全体像を示しているとは限らないことには注意したい。既存顧客が適切にサポートされていないデバイスでプロダクトを使おうとしていることがある。その背景には、サポートされているデバイスでのユーザー体験がとても悪いせいで、サポートはされていないものの、これまで使ってきた動作実績のあるデバイスを使うことにしている場合がある。

新規顧客の獲得

これからプロダクトを使ってくれそうな新規顧客は、これまでの顧客と同じ人たちだろうか？

ローカルペルソナを活用しているとよくあるのが、獲得したい新規顧客が既存顧客とまったく同じローカルペルソナを備えていると思い込んでしまうことだ。それが正しいこともあるが、多くの場合（とりわけ新規参入するマーケットにおいては）ローカルペルソナは根本的に異なる。

例を挙げると、国によっては国固有のデバイスや Android で構築された独自 OS が使われていることがある。インドでは Indus OS、ベトナムでは Tizen OS、ロシアでは Lineage OS［訳注：いずれもカスタム ROM と呼ばれる、コミュニティーなどで改変が施されたスマートフォン向けの OS］が使われているかもしれず、そうした地域ではプロダクトの挙動は想定と異なるだろう。

オンラインでのアンケート調査などを手がける SurveyMonkey 社［訳注：現・Momentive 社］が創業したアメリカの市場にとどまらない成長をし始めた頃、CTO のセリーナ・トバッコワラ（Selina Tobaccowala）のチームはアプローチを考え直す必要に迫られていた。それも、テキストボックスのようなシンプルなものについてもだ。「英語は短く表現できる言語です。他の言語では同じことを表現するのに平均 1.5 倍の長さを要します[68]。」彼女が率いるデザインチームとエンジニアリングチームは、他の言語で入力された文字が多いために表示が見切れてしまう問題を避けるために、スペースがこれまでより 50% 多く残るようテキストボックスを設計するようになった。

新しい市場に参入するにあたってローカルペルソナをよりよく理解するためにお勧めしたいのが DeviceAtlas や Opensignal［訳注：いずれも Web のトラフィック（通信）を解析し、ユーザーの利用デバイスや OS などのデータを収集・提供するサービス］といった外部ベンチマークサービスを活用し、その国ではどのデバイスと OS の組み合わせが最も広く利用されているかを調べることだ。

どこにフォーカスしてテストをするかが明らかになれば、ローカルエクスペリエンス（現地でのユーザー体験）をテストするのに最適なやり方を選べる。

ローカルエクスペリエンスをテストする

ローカルペルソナが複数のデバイスを持ち、複数の地域でアプリケーションを利用したり、あるいはその両方が混在している場合、ローカルペルソナのテストが複雑で手に負えなさそうに思えることがある。

ローカルペルソナがさまざまなデバイスを使っているならば、OS リリースアップデートや新発売のデバイスの長大なリストを年中サポートし続けなくてはならない。複数の地域にいるならば、言語の違いやネットワークキャリアの違いがユーザー体験に影響するため、問題はさらに深刻になる。

プロダクトがナイジェリア連邦共和国で利用される場合、プロダクトのテストにあたってオフィスで光回線や Wi-Fi を使ったりエミュレーターで動作させたりしていては視野が限られてしまい、2G 回線でアプリケーションをダウンロードする国でユーザーが直面する問題を特定するのには骨が折れるだろう。［訳注：ネットワークインフラが広く発達しているわけではない地域でプロダクトがどのように利用されるかを具体的にイメージするための一例として、ここではナイジェリア連邦共和国が挙げられている。］

ローカルペルソナをテストするには、実際のユーザーが置かれている状況にできるだけ近い実環境で行うのが最良である。

そうした環境でテストをどう行うかを決めるときに考えるべき問いがいくつかある。

- プロセス全体を他のテストインフラと同程度の再現性・拡張性を備えたものにするにはどうするか？
- ローカルペルソナに関する情報を必要とし、それをチームが利用できるようにするためのフィードバックループをどうやって最適化するか？
- ステージング環境と本番環境のどちらの環境でテストを行うのが最も理にかなっているか？

こうした問いを通じて、テストのために必要なアプローチが明確になっていく。一例として、チームを現地に派遣したり、既存のユーザーの力を借りたり、外部のパートナーと協力したりといった手が考えられる。

チームを現地に派遣する

持てる限りのデバイスを持たせたチームを現地に派遣する（もしくは到着したらデバイスを購入してもらう）ことは、ローカルペルソナと同じ環境でテストを行うためのうまいやり方だ。ドミトリーが東京やソウル、シンガポールで経験したように、現地に身を置くことで、ほかの方法では到達できないほど理解が深まり、顧客に対する共感を得られる。

しかし、出張には時間も費用もかかるため、重要な地域すべてで同時にテストを実施するためのより再現性の高いプロセスが必要な場合には取り入れにくいメソッドではある。また、現地特有の事情を知識としてわかっていなければ、その地域ならではの問題は把握できないだろう。

既存のユーザーの力を借りる

　第5章でも触れた、ベータ版のユーザーによるテストの支援を実現するには、彼らのコミュニティーを構築することが大切だ。

　Google マップはこれを非常にうまくやっている事例で、ユーザーを募集してコミュニティーを構築し、彼らが現地でプロダクトをチェックしたり改善するのを支援している[69]。「ローカルガイド」として知られるそのボランティアたちは、誇りを持って現地での Google マップのユーザー体験を向上するために自分の時間を提供していて、道路の変更に対応した更新作業から、車椅子で来店できるカフェにタグをつけることまで、なんでもやる。

　ローカルガイドには独自のスコアリング制度があり、レベル5以上になると AR ナビゲーションなどのリリース前の新機能を試せる。彼らはそれらを使う中で見つけた不具合を報告するのだ[70]。

　適切なトレーニングやサポートをし、調整しておけば、ベータ版のユーザーたちはプロダクトのテストを支援してくれるし、そうでなかった場合でも手に入れるのが難しい現地情報を提供してくれる。一方で、欠点もある。コミュニティーを管理するのに追加のコストや手間がかかるし、ユーザーはボランティアであり、必要なクラッシュログや明確な再現手順を提供できるだけの時間や技術的なバックグラウンドがあるとは限らない。

外部のパートナーと協力する

　代表的なデバイスや OS、地域などの条件をユーザーの実情に合わせて実施される専門的なテストというマーケットのニーズは、企業にとっては頭痛の種となった。各地に社内チームを派遣するというわかりやすい解決策では運用の負担が重くなりすぎるため、現地でのテストを請け負うクラウドソーシング型のテストプロバイダー［訳注：テストの実施を請け負う企業］が多く現れた。

　クラウドソーシングを利用すれば、ローカルペルソナを通じて定めたデバイスや OS、地域などの組み合わせで専門的なテストをやってもらえる。だが、クラウドソーシング型のテストプロバイダーならどこでも同じというわけではない。サービス品質を確保するためにプロのテスターとの連携に重点を置いているところもあれば、より大規模なビジネスにするために非テスターの人員を含めている企業もある。後者の場合、事実上、プロフェッショナルの仕事をするためにプロではない人員を雇うことになるため、テストの質が下がる可能性がある。

　会社の長期的な方向性や注力している領域も考慮しなければならない。テストの性質上、テストプロバイダーは**機敏**である必要がある。テクノロジーが急激なペースで進化するので、重要なのはイノベーションだ。テストプロバイダーが関心を持つべきなのは、開発プロセスのより深い部分と統合することであり、単に現地在住のテスト実施者にバグを見つけさせることではない[71]。

　どのようなやり方でローカルペルソナのテストを行うにせよ、重要なのはチームがテスト戦略の中でローカルペルソナを考慮していると確認することだ。できるだけユーザーに近い環境でテストを実施することで、ユーザーの求めるプロダクトの品質水準に関する明確な見解を常に得られるだろう。

第 9 章のまとめ

- アプリケーション利用者のユーザー体験は利用しているデバイスや OS、そして場所によって、まったく新しいものとなる。
- 顧客が求める品質を確実に体験できるようにするには、実環境でのテストを目標にする必要がある。
- ローカルペルソナの環境でテストするために取れる方法には以下のものがある。
    - チームを現地に派遣してテストする
    - ベータ版のユーザーなど既存のユーザーの力を借りてプロダクトをテストする
    - クラウドソーシング型のテストプロバイダーなどの外部パートナーと協力する

第 10 章

品質戦略のリード

「ビジョンと戦略はどちらも重要だ。だが優先順位があって、ビジョンが必ず先だ。明確なビジョンがありさえすれば、そのうち正しい戦略がついてくる。明確なビジョンがなくては、どんな戦略を立てようとものの役に立たない[72]。」

— マイケル・ハイアット（*Michael Hyatt*）

2000 年、マイケル・ハイアット（Michael Hyatt）は、歴史ある出版社である Thomas Nelson 社の 14 部門のうちの 1 つ、Nelson Books の部門長に昇格した。業績が評価されたためではなく、彼の上司が退職したからだった。この人事に衝撃を受ける者はほとんどいなかった。なぜなら、同社の 14 部門のうち、Nelson Books は業績が最も悪い部門だったからである。

それまでの 3 年間、収益は横ばいで、直近 1 年では赤字となっていた。しかも最大手の作家がほかの出版社と契約してしまったばかりだった。すでに絶望的だった状況が、さらに悪化していた。

ほかの 13 部門の社員は、Nelson Books が会社全体の足を引っ張っていると不満を募らせていた。Nelson Books のチームの士気は当然低く、誰もが将来を心配していた。

本章冒頭の銘句（エピグラフ）からもわかるように、マイケルは計画を立てることから始めたわけではなかった。彼はまず、わずかな曇りもないほど明確で、しかも彼自身が夢中になるビジョンを掲げたのだった。自身がワクワクする将来像を描けば、きっとチームも未来に向けてワクワクできるだろうという確信があった。

彼はチームを集めて、今後 3 年でどんなことが起こるかを描いてみせた[73]。

- 10 人の「売れっ子契約作家」がいて、彼らの新著は発売 12 ヶ月で最低 10 万部売れる。

- 10 人の「気鋭の契約作家」がいて、彼らの新著は発売 12 ヶ月で最低 5 万部売れる。
- 彼らは私たちとの仕事に情熱を燃やしていて、私たちに代わって新しい作家を募集してくれる。
- ニューヨークタイムズ誌のベストセラーリストに、年間最低 4 冊、私たちが手掛けた書籍が掲載される。従業員は常にボーナスプランを「最大」にしている。

　彼は Thomas Nelson 社の他部門の社員にもこのビジョンを共有し始めた。すぐに「一体全体どうやって達成するつもりだ！？」と疑問の声が上がった。

　収益性の高い部門であっても、野心的すぎるように思われるビジョンであった。だが、自分たちがどこに向かっているのかをチームが理解していれば、そこにたどり着く方法を考え出すほうが簡単なはずだとマイケルは信じていた。

　チームがビジョンを達成するのにかかった時間は、3 年ではなかった。たった 18 ヶ月だった。

　私はこの話が大好きだ。シリコンバレーのユニコーン企業がテクノロジーでのし上がっていくストーリーではない。瀕死の業界の負け犬チームが、ほとんど希望もない中で、ただ自分たちが何を目指すかに集中し続けたことで下馬評を覆し、状況を好転させた物語なのだ。

　この最後の章では、読者が本書で学んできたすべてのアイデアをどのように QA 戦略に生かせるかを述べる。本当に組織で品質をリードするなら、マイケル・ハイアットに倣う必要がある。自分がどこに向かっているのかをクリアなビジョンとして描き、自身のスタート地点を理解し、戦略を定義するために選べる複数のルートを評価するのだ。

ステップ 1：ビジョンを描く

　明確に描かれたビジョンには力がある。ほかの人に見せると、どんな将来を念頭に置いているかを理解させられるのだ。自部門のビジョンをチームや同僚に見せる前にまず、あなたがそのビジョンに情熱を傾けていて、夢中になれるかを確認する必要がある。しかし、自分のチームや会社の未来を思い描いてもワクワクできないとしたら、それは自分自身の未来がぼんやりしているからだ。だからこそ、少し変わったビジョン、すなわち、あなた自身のビジョンから始めなければならないのだ。

自身のビジョンを定める

　今や有名になったサイモン・シネック（Simon Sinek）の TED トーク「優れたリーダーはどうやって行動を促すか」では、優れたリーダーなら誰でも自分がすることの

理由を明確に理解することから始めると指摘されている[74]。

　あなたが人生の分かれ道に立たされたときのことを思い出してほしい。あるいは、もっと悪い状態のとき、つまり方向性がまったくわからずどうしていいかわからなかったときのことを思い出してみよう。仕事をしたり意思決定をしようというモチベーションをどうやって保っていただろうか。おそらく、モチベーションなどまったく感じなかったのではないだろうか。方向性がはっきりしない状況下では、やる気がなかなか出ないものである。「なぜ」それをやるべきなのかがわからないからだ。

　心から楽しんでいて、目的や方向性をよく理解していたときと比べてみよう。悪い状態のときとの違いはなんだろうか？　それはおそらく、どこに向かって進んでいて、何が自身の利益となっているのかを理解していたかどうかだ。明確なビジョンと、自身の「なぜ」がわかっているかどうかだ。

　とある、グローバル展開をしている E コマース企業の VPoE は、会社にレガシーを残すことが自身のビジョンだと語ってくれた。彼が構築したすばらしいインフラを見た後任の VPoE がコメントしてくれるというビジョンに夢中になっていて、その実現を確かなものとすべく、毎日少しだけ多く努力を積み重ねるエネルギーとしていた。

　個人のビジョンを定めるのに、少し時間を取って、あなたの理想とする将来像を書き出してみよう。1 年後・3 年後・10 年後、あなたの人生はどうなっているだろうか。

- あなたはどんなタイプのリーダーだろうか
- 現職を通じて、何をレガシーとして残しているだろうか
- どんなキャリアパスをたどり、どんな仕事をしているだろうか
- その期間にどんなスキルを身につけているだろうか

　自身が思う最高の未来を意識することで、今の自分が選ぶ選択肢が明確になるだけではなく、考えていることや思いをほかの人に伝えるのがうまくなるだろう。また、困難な状況下で自身を支えるモチベーションにもつながるはずだ。

会社のビジョンは自身のビジョンに沿っているか？

　自身の方向性がわかったら、次は現在の会社に目を移してみよう。その会社はどこに行こうとしているのだろうか。会社の方向性を振り返ることは、2 つの点で役に立つ。第一に、その会社で今の仕事をすることが、あなたのビジョンの実現につながっているかどうかを評価できる。もし、そのつながりが見えないとしたら、これからどうやってモチベーションを上げていこうというのだろうか。

　第二に、チームをよりうまく導くにはどうしたらいいかを考えるとき、会社のビジョンと方向性がコンテキストと境界線を定めることになるからだ。

　会社が来年3倍の成長を計画している場合と、その半分の成長を計画している場合とでは、チーム・リソース・インフラに関しての考え方は大きく異なるだろう。会社の方向性の理解が深まれば深まるほど、自部門の戦略的な意思決定を下す準備が整っていく。

　会社のビジョンを明確に理解し、自身のビジョンもそれに沿っていると感じられるのであれば、自部門のビジョンを考えられる。

自部門のビジョンを描き、チームで対話する

　部門のビジョン策定でも、自身のビジョンと同じような問いを立てる。少し違うのは、長期ではなくせいぜい1年から2年先に自分たちがどうなっているかを考えることだ[75]。

- 達成した成果のうち、大きなものはどれか
- 社内の品質ナラティブはどのように変化したか
- チーム内や他チームとの間で、活発にやりとりされていることは何か

　この問いへの答えが、チームと共有し対話すべき自部門のビジョンとなる。

　会社の将来と結びついた、自身と自部門の明確なビジョンができれば、スタート地点を評価する段階に進める。

ステップ2：スタート地点を評価する

　新たな目的地に向かうときに地図が役立つのは、あなたが現在地と目的地の両方を把握しているときだけだ。QA戦略を立てるときに、現在の状況を把握するのは極めて有効である。

　以下に、チームと共に評価すべき主な領域を概説する。こうした情報を集めるのに時間はかかるが、戦略立案を始める前に情報を把握できればできるほど、より良い戦略を立てられる。

現在の品質ナラティブ

　社内の品質ナラティブの現状を知ろう。

　第2章で議論したように、品質ナラティブには「責任ナラティブ」「テストナラティブ」「価値ナラティブ」の3タイプがある。現在語られている品質ナラティブをより深く理解するには、いろいろな立場の従業員にヒアリングして現在の品質レベルがどう思われているかを調査したり、チームの各メンバーに社内で品質について言われていることトップ3を挙げてもらったりするとよいだろう。

ほかの社員は QA を必要悪だと捉えてはいないか。品質をリリースのボトルネックだと考えてはいないか。もっと大きなチームであれば価値があるのだろうが、自分たちには関係ないと思っている可能性もある。必要なのは、変化に対するフラストレーションや抵抗のきざしをピンポイントで見つけることだ。

現在のプロダクト成熟度

第 5 章では、プロダクトが成熟していくにつれて品質がどのように変わっていくかを見てきた。社内で複数のプロダクトを扱っている場合、それぞれの段階が異なっている可能性がある。各プロダクトがどの段階にあるかを簡単にまとめたリストを作ろう。

- **実証段階**：プロダクトマーケットフィット（PMF）を模索している
- **予測可能段階**：製品のさらなる自動化に着手し、インフラをより強固にしている
- **スケーリング段階**：品質チームがどうやってプロダクトをグロースさせるかを考え始めている

この情報は後になってから、各段階に適したタイプのテストを行っているかを確認するために使うことになる。

現在のプロセス

品質チームはどんなプロセスを取っているか。開発パイプラインのさまざまな段階で、エンジニアはどんなフィードバックを求めているのだろうか。第 6 章で説明した、Blackboard 社のアシュリーがどのように開発パイプラインをマッピングし、その上にテストプロセスを重ね合わせたかを思い出し、同じようなことをしてみてほしい。チームを部屋に集めて、自分たちがたどっているプロセスをマッピングしてみよう。

企業の成長指標

第 8 章で取り上げたのは、企業の成長指標であった。これは顧客がプロダクトを使うことで最大の価値を得るポイントに基づいた評価基準だ。チームが注力すべき、コアとなる成長指標は何だろうか。自社とプロダクトに最適なのはどのタイプの成長指標だろうか。アテンションベースなのか、トランザクションベースなのか、プロダクティビティーベースなのか。戦略の策定に移ったら、その指標をどう使ってテストの取り組みに反映させていくかを考えることになる。

ローカルペルソナ

第9章で議論したのは、顧客のアプリケーション体験は、どのデバイスを使うか、どのOSを使うか、どの国・地域で使うかといったあらゆる要素に左右されるということだった。どのようなローカルペルソナが想定されるか。ペルソナには優先順位がついているか。狙っているのは既存顧客の維持・拡大なのか、新規顧客の獲得なのか。こうしたことを先に検討しておけば、ローカルペルソナの環境により近い状態でのテストをどうやったらいいかを考えるときに役立つだろう。

チームのスキルとキャパシティー

加えて、チームが持つスキルレベルや幅の広さを、個人単位でも集団単位でも、わかっておく必要がある。成長指標を前進させるのに適したスキルセットや見通しを持った人材はいるだろうか。

自分たちの目的地と現在地が完全にわかっていれば、いよいよチームと協力してQA戦略の策定に着手できる。

ステップ3：戦略を策定する

ロンドンの街がよく見えるレストランで銀髪のエグゼクティブが語ってくれた戦略のたとえ話を、私は忘れられない。彼はこう言った。

> 戦略というのは、チームが一緒になって海の真ん中に落とされるようなものだよ。周囲には霧が立ち込めている。あなたは限られたリソースで、あるかどうかもわからない島にたどり着く方法を見つけるプランを立てなければならない。もし、混乱せずにこのプロセスを進められる人がいたら、それはやり方が間違っているのだろうね。

どれだけの経験を積み重ねていたとしても、戦略を立てるのは難しい。考えて考えて考え抜く必要があるからだ。QA戦略を策定するには、たくさんの問いに答えを出していかなくてはならない。それを最もうまくやるには、問題に取り組める頭脳を最大限集めて振り絞ることだ。

ステップ2で作成した評価の情報は、戦略策定の議論に携わるメンバー全員と共有しよう。ディスカッションの前には準備や調査をする時間が必要だ。ディスカッションしたい話題として、次のようなものが考えられる。

品質ナラティブについて

- どのように品質ナラティブを変えていきたいか？
- その変化を起こすために、誰に、またどの部門に影響を与える必要があるか、あるいは、何を知り始める必要があるのか？

テストについて

- プロダクトの現在の段階に最適なテストタイプは何か？
- テストがもたらすフィードバックループから開発エンジニアが最大の恩恵を得られるよう最適化するにはどうしたらいいか？
- ローカルペルソナに最も近しい環境でのテストはどうしたら可能か？

価値について

- 会社の成長指標を前進させるために何ができるか？

チームのスキルとキャパシティーについて

- チームが必要とするトレーニングはほかにないか？
- 社外のパートナーに働きかけてチームのスキルやキャパシティーを上げる必要はあるか？
- 社外のパートナーの協力を得て埋めるべき、短期的・長期的なギャップはどこにあるか？

　QA 戦略に自信が持てるようになると、当初の想定よりも多くのリソースが必要だと気づくだろう。経営陣に説明するときには、第 2 章で説明した価値ナラティブ、すなわち、収益性・コスト削減・リスク軽減といった価値を提示するのを忘れないように。より強力に推進するなら、第 3 章で触れた影響力を発揮することも検討しよう。

品質をリードしよう

　ビジョンを明確にし、目的地と現在地、さらには目的地に到達するために活用できるリソースを理解した今、組織の品質をリードする準備が本当に整ったことになる。
　ここまで紹介してきたステップを実行するにあたっては、あらゆる優れたリーダーがそうするように、常にプランを見直し続ける必要がある。私たちの好きな著述家

の1人であるナポレオン・ヒル（Napoleon Hill）が『思考は現実化する』（田中孝顕［訳］きこ書房・1999）で書いているように「失敗とは、あなたの計画が完全なものでなかったということなのだ。そこで次の計画を立て、もう一度スタートすればいい」のである[76]。

　私たちはこの言葉の重みをよく知っている。何年も前に美容業界で立ち上げたスタートアップがすべての始まりだった。そして今、品質をリードする方法を本にまとめている。ここまで何年もかかったが、私たちは今いる場所に向けて自分たちの道のりをピボットできた。読者の皆さんにもできるはずだ。

第 10 章のまとめ

- ビジョンが必ず先だ：明確なビジョンがありさえすれば、そのうち正しい戦略がついてくる。明確なビジョンがなくては、どんな戦略を立てようともものの役には立たない。
- まず自分自身のビジョンを定め、それが自分の会社・チーム・部門のビジョンに沿っているかを確かめよう。
- 目的地と現在地を評価してスタート地点とし、戦略を策定するために何が重要なのかを理解しよう。本書のオンラインリソースが役立つだろう。
- あなたが戦略策定のプロセスに従って考えているときに混乱していないとしたら、おそらくそれは間違ったやり方をしていると覚えておこう。
- リソースの制約と、望む場所に到達するためにほかに何か必要なものがないかを考慮に入れること。
- 戦略がうまくいかないときにはピボットしてもいいし、調整してもいい。

個人ビジョンや部門ビジョンの設定に活用できるワークシートは、原著のサイトで氏名・メールアドレスを登録することで入手できる。[訳注：英語版のみ]
https://www.leadingqualitybook.com/

品質リードはここから始まる

　この本を書くことになったとき、私たちはこの界隈を次のレベルに押し上げるのに役立つメッセージをシェアしたいと考えていた。10 年前を振り返ってみると、テストは余計な追加工数がかかるものだとか、ボトルネックだと思われていた。だが今やテストは進化して規律となり、テストと品質に関する戦略的な議論ができるほどに洗練されている。

　あなたがリーダーとしての旅路を歩むにあたって、この本がインスピレーションを与え、組織や社外のテストコミュニティーをリードし、影響を与えるのに役立つことを願っている。

　原著者に個人的に連絡を取りたいときは次のメールアドレスに英語でメールを送ってほしい。

- ronald@leadingqualitybook.com
- owais@leadingqualitybook.com

本書がどうあなたの役に立っているか、また、ほかの人がより良いデジタル体験を作るのをどのようにサポートしているか、あなたの話が聞ける日を楽しみにしている。

本書のメッセージを広める ご協力のお願い

　もしあなたがこの本を気に入ってくれて、ほかの人も読むべきだと思ってくれたなら、次のオプションがある。

1. Amazon や Goodreads［訳注：アメリカの書籍コミュニティーサイト］などで正直なレビューを書く。
2. あなたのチームでこの本を購入する。10 冊以上購入したい場合は、orders@leadingqualitybook.com まで英語でメールしてくれれば、私たちには特別割引で提供する用意がある。［訳注：英語版のみ］

資料集

ワークシート

　原著のサイトから氏名・メールアドレスを登録することで、以下のワークシートを入手できる。［訳注：英語のみ］

- 品質ナラティブを作るには（Creating Quality Narrative）
- 成長指標をいかに決めるか（How to decide what your Growth Metric is）
- 自身とチームのビジョンを設定するには（Setting vision for you and your team）
- QA 戦略に向けた問い（QA strategy questions）

https://www.leadingqualitybook.com/

参考文献

　［訳注：本項は基本的には原著に則っているが、日本語版の発行に際してより便利なページとするために、各章頭の銘句（エピグラフ）・本文・巻末注で言及・引用された書籍や Web サイトに掲載された記事については煩をいとわず網羅したほか、原著には記載がないものの特に参考に供すると訳者が判断した資料を追加で収めている。ただし、いたずらに煩雑にならないよう、複数の章にまたがって登場すべき参考文献は本書内で初めて参照される章のみに記載した。加えて、各参考文献にはタイトルと著者名・執筆者名あるいは公開元に加え、初版の出版年、および、改版がある場合には可能な限り最新版の版数と出版年、Web サイトで公開されている資料には URL を併記し、入手しやすさや最新情報へのアクセスにも配慮した。また、邦訳を訳者が確認できたものについては、原則として一般書のうち最新版の邦訳の書誌情報を、出版社もしくは出版レーベルを含めて記載するよう努めた。著者・訳者が複数存在する場合には各 1 名、また邦訳が複数存在する場合には各 1 点のみ記載し「et al.」「ほか」と明記した。情報は 2023 年 3 月時点のものである。］

序章

Sukarno, Suharto, Megawati: Why Do Some Indonesians Have Only One Name? – Palash Ghosh, 2013（未邦訳）

https://www.ibtimes.com/sukarno-suharto-megawati-why-do-some-indonesians-have-only-one-name-1408204

What Is Quality? – Aleksis Tulonen, 2014（未邦訳）

https://flowoftesting.wordpress.com/2014/05/26/what-is-quality/

Amazon's Annual Letter to Shareholders – SEC, 2018（未邦訳）

https://www.sec.gov/Archives/edgar/data/1018724/000119312518121161/d456916dex991.htm

［訳注：原著で参照元にしている SEC（U.S. Securities and Exchange Commission：米国証券取引委員会）のページのほか、Amazon.com 社の IR 情報のページにも *2017 Letter to Shareholders* として同一のデータが掲載されている。

https://s2.q4cdn.com/299287126/files/doc_financials/annual/Amazon_Shareholder_Letter.pdf］

第 1 章　品質と価値

Juran's Quality Handbook – Joseph M. Juran et al., 1951 [7th Edition, 2016]（未邦訳）

TQM 委員会［編著］（1998）『TQM 21 世紀の総合「質」経営』（日科技連）

Why Software Testing Is Key to DevOps – Alan Crouch, 2018（未邦訳）

https://www.techwell.com/techwell-insights/2018/02/why-software-testing-key-devops

Testing Trends for 2018, A Survey of Development and Testing Professionals. – Dimensional Research, 2018（未邦訳）

https://assets.ctfassets.net/czwjnyf8a9ri/3NT3YOvhCKyVZQjbNCWvjo/204c6fa91deb8adb18813e33d884a8a9/sauce-labs-state-of-testing-2018.pdf

Software Fails Watch: 5th Edition – Tricentis, 2019（未邦訳）

https://www.tricentis.com/wp-content/uploads/2019/01/Software-Fails-Watch-5th-edition.pdf ［訳注：URL リンク切れ］

Up to 300k NHS heart patients may have been given wrong drugs – Sophie Borland, 2016（未邦訳）

http://healthmedicinet.com/i2/up-to-300k-nhs-heart-patients-may-have-been-given-wrong-drugs/

WHOOPS: American Airlines without pilots for Christmas after scheduling system glitch – Leslie Joseph, 2017（未邦訳）

https://www.cnbc.com/2017/11/29/thousands-of-american-airlines-flights-dont-have-scheduled-pilots-union.html

Bad data and new IT system bugs help knock 66% off Provident Financial share price – Gareth Corfield, 2017（未邦訳）

https://www.theregister.com/2017/08/23/provident_financial_software_woes_share_price_crash

第 2 章　3 つの品質ナラティブ

The Tipping Point: How Little Things Can Make a Big Difference – Malcolm Gladwell, 2000
＜邦訳：マルコム・グラッドウェル［著］高橋啓［訳］（2000）『ティッピング・ポイント』（飛鳥新社）＞

Entrepreneur Voices on Company Culture – The Staff of Entrepreneur Media, Inc., 2018（未邦訳）

Snapchat has a huge problem with Android, and it's causing investors to worry – Biz Carson, 2017（未邦訳）

https://www.businessinsider.com/snapchat-huge-problem-with-android-causing-investors-to-worry-2017-2

HYPERGROWTH: How the Customer-Driven Model Is Revolutionizing the Way Businesses Build Products, Teams, & Brands – David Cancel, 2017（未邦訳）

No Silver Bullet — Essence and Accident in Software Engineering – Frederick Phillips Brooks Jr., 1986
＜邦訳：フレデリック・ブルックス［著］滝沢徹ほか［訳］（2014）『人月の神話』（丸善出版）に「銀の弾などない――ソフトウェアエンジニアリングの本質と偶有的事項」として収録＞

Your Strategy Needs a Strategy: How to Choose and Execute the Right Approach – Martin Reeves et al., 2015
＜邦訳：マーティン・リーブスほか［著］御立尚資ほか［監訳］須川綾子［訳］（2016）『戦略にこそ「戦略」が必要だ』（日本経済新聞出版社）＞

第 3 章　品質文化醸成

The Leader's Guide to Storytelling: Mastering the Art and Discipline of Business Narrative – Stephen Denning, 2005（未邦訳）

To Sell Is Human: The Surprising Truth About Moving Others – Daniel H. Pink, 2012

＜邦訳：ダニエル・ピンク［著］神田晶典［訳］（2016）『人を動かす、新たな 3 原則』（講談社 + α 文庫）＞

To Kill a Mockingbird – Nelle Harper Lee, 1960

＜邦訳：ハーパー・リー［著］菊池重三郎［訳］（1984）『アラバマ物語』（暮しの手帖社）＞

The Freaky Friday Management Technique – Ben Horowitz, 2012（未邦訳）

https://a16z.com/2012/01/19/the-freaky-friday-management-technique/

How Designers Work With Developers – Rishabh Saxena, 2017（未邦訳）

https://uxdesign.cc/how-designers-work-with-developers-7552be5e40e9

How designers and developers can pair together to create better products: Cross-functional collaboration, for empathy and results – Nicola Rushton, 2017（未邦訳）

https://medium.com/product-labs/how-designers-and-developers-can-pair-together-to-create-better-products-e4b09e3ca096

Quality assistance: how Atlassian does QA – Mark Hrynczak, 公開年不明（未邦訳）

https://www.atlassian.com/inside-atlassian/qa

Testing at Airbnb – Lou Kosak, 2014（未邦訳）

https://medium.com/airbnb-engineering/testing-at-airbnb-199f68a0a40d

Influence: The Psychology of Persuasion – Robert B. Cialdini, 1984 [New and Expanded, 2021]

＜邦訳：ロバート・B・チャルディーニ［著］社会行動研究会［訳］（2014）『影響力の武器［第三版］』（誠信書房）＞

World Quality Report 2018‑19 – Capgemini, 2018［訳注：原著に URL が明記されていないが、日本語版は https://www.capgemini.com/jp-jp/service/world-quality-report-2018-19/にて個人情報入力後ダウンロード可能］

Whoever Tells the Best Story Wins: How to Use Your Own Stories to Communicate with Power and Impact – Annette Simmons, 2007

＜邦訳：アネット・シモンズ［著］柏木優［訳］（2008）『感動を売りなさい　相手の心をつかむには「物語（ストーリー）」がいる。』（幸福の科学出版）＞

Thank You for Arguing: What Aristotle, Eminem and Homer (Simpson) Can Teach Us About the Art of Persuasion – Jay Heinrichs, 2008 [4th Edition, 2020]
＜邦訳：ジェイ・ハインリックス［著］多賀谷正子［訳］（2018）『THE RHETORIC 人生の武器としての伝える技術』（ポプラ社）＞

第4章　手動テストと自動テスト

The Wonderful Wizard of Oz – Lyman Frank Baum, 1900
＜邦訳：ライマン・フランク・ボーム［著］柴田元幸［訳］（2013）『オズの魔法使い』（角川文庫）ほか＞

Edward Bernays, 'Father of Public Relations' And Leader in Opinion Making, Dies at 103 – The New York Times, 1995（未邦訳）
https://archive.nytimes.com/www.nytimes.com/books/98/08/16/specials/bernays-obit.html

The Edward Bernays Reader: From Propaganda to the Engineering of Consent – Edward Bernays et al, 2021（未邦訳）［訳注：1928年の論文 *Manipulating Public Opinion* や1947年の論文 *The Engineering of Consent* などが収録されている。］

American Decades of the 20th Century: Life Magazine Lists 20th Century's Most Influential Americans – Timberlane, 2018（未邦訳）
https://libguides.timberlane.net/c.php?g=464885&p=3192709

Nudge: Improving Decisions About Health, Wealth, and Happiness – Richard H. Thaler et al, 2008 [The Final Edition, 2021]
＜邦訳：リチャード・セイラーほか［著］遠藤真美［訳］（2022）『NUDGE 実践 行動経済学 完全版』（日経BP）＞

Continuous Testing in DevOps – Dan Ashby, 2016
https://danashby.co.uk/2016/10/19/continuous-testing-in-devops/
＜邦訳：藤原大［訳］（2020）『[翻訳] DevOps における継続的テストとは何か？』
https://daipresents.com/2020/06/04/continuous-testing-in-devops/＞

Information, and its relationship with testing and checking, Dan Ashby, 2016（未邦訳）
https://danashby.co.uk/2016/03/08/information-and-its-relationship-with-testing-and-checking/

A Context-Driven Approach to Automation in Testing – James Bach & Michael Bolton, 2016（未邦訳）
https://www.satisfice.com/download/a-context-driven-approach-to-automation-in-testing

The Two Sides of Software Testing: Checking and Exploring – Elizabeth Hendrickson, 2011（未邦訳）

https://www.agileconnection.com/article/two-sides-software-testing-checking-and-exploring

Reducing the Cost of IT Operations — Is Automation Always the Answer? – Aaron B. Brown et al, 2005（未邦訳）

https://www.usenix.org/legacy/event/hotos05/final_papers/full_papers/brown/brown.pdf

第 5 章　プロダクトの成熟度と品質

Diffusion of Innovations – Everett M. Rogers, 1962 [5th Edition, 2003]
＜邦訳：エベレット・M・ロジャース［著］三藤利雄［訳］（2007）『イノベーションの普及』（翔泳社）＞

Diffusion of Innovation Theory – Wayne W. LaMorte, 2018 [Modified, 2019]（未邦訳）

https://sphweb.bumc.bu.edu/otlt/MPH-Modules/SB/BehavioralChangeTheories/BehavioralChangeTheories4.html

Why Product Owners Should Care about Quality – Roman Pichler, 2010（未邦訳）

https://www.romanpichler.com/blog/why-product-owners-should-care-about-quality/

吉川真裕（2014）「ナイト・キャピタルのシステム・トラブル—— SEC の文書に基づく実態——」『証券経済研究』第 85 号（公益財団法人日本証券経済研究所）

https://www.jsri.or.jp/publish/research/pdf/85/85_05.pdf

Working Effectively with Legacy Code – Michael Feathers, 2004
＜邦訳：マイケル・C・フェザーズ［著］ウルシステムズ株式会社［監訳］平澤章ほか［訳］（2009）『レガシーコード改善ガイド』（翔泳社）＞

第 6 章　継続的テストとフィードバックループ

Applied Software Measurement: Global Analysis of Productivity and Quality – Capers Jones, 1991 [3rd Edition, 2008]
＜邦訳：ケイパース・ジョーンズ［著］富野壽ほか［監訳］（2010）『ソフトウェア開発の定量化手法　生産性と品質の向上をめざして　第 3 版』（日経 BP）＞

Building Security into the Software Life Cycle – Marco M. Morana, 2006（未邦訳）

```
https://www.blackhat.com/presentations/bh-usa-06/bh-us-06-Morana-R3.
0.pdf
```

The Leprechauns of Software Engineering – Laurent Bossavit, 2015（未邦訳）

The Phoenix Project – Gene Kim et al., 2013 [5th Aniversary Limited Edition (3rd Edition), 2018]

＜邦訳：ジーン・キムほか［著］榊原彰［監修］長尾高弘［訳］（2014）『The DevOps 逆転だ！ 究極の継続的デリバリー』（日経 BP）＞［訳注：本章での引用の出典元は 2014 年発行の原書第 2 版（Reviced with New Resource Guide）以降に追加された 付録「*The Phoenix Project* Resource Guide」で、初版を底本にした邦訳版には含ま れていない。］

Atomic Habits: An Easy & Proven Way to Build Good Habits & Break Bad Ones – James Clear, 2018

＜邦訳：ジェームズ・クリアー［著］牛原眞弓［訳］（2019）『ジェームズ・クリアー 式 複利で伸びる 1 つの習慣』（パンローリング）＞

Transforming Culture with DevOps Principles – Ashley Hunsberger, 2017（未 邦訳）

```
https://github.com/ahunsberger/transformingculture
```
（開発パイプライン上にテストをマッピングする方法をとてもよく概観している。資 料は Github からダウンロードできる。）

第 7 章　テストインフラへの投資

The Gamification of Software Testing—An Interview with Christin Wiedemann – Noel Wurst, 2013（未邦訳）

```
https://www.stickyminds.com/interview/gamification-software-testing-
interview-christin-wiedemann
```

The Effective Engineer: How to Leverage Your Efforts in Software Engineering to Make a Disproportionate and Meaningful Impact – Edmond Lau, 2015（未邦訳）

My Philosophy on Alerting: based on my observations while I was a Site Reliability Engineer at Google – Rob Ewaschuk, 2013（未邦訳）

```
https://docs.google.com/document/d/199PqyG3UsyXlwieHaqbGiWVa8eMWi8z
zAnOYfcApr8Q/edit
```

Symptom-Based Monitoring at Ticketmaster – Ticketmaster, 2015（未邦訳）
https://tech.ticketmaster.com/2015/08/19/symptom-based-monitoring-at-ticketmaster/［訳注：URL リンク切れ］

Continuous Delivery: Reliable Software Releases through Build, Test, and Deployment Automation – Jez Humble et al., 2011
＜邦訳：ジェズ・ハンブルほか［著］和智右桂ほか［訳］（2017）『継続的デリバリー』（アスキードワンゴ）＞

The DevOps Handbook: How to Create World-Class Agility, Reliability, and Security in Technology Organizations – Gene Kim et al., 2016
＜邦訳：ジーン・キムほか［著］榊原彰［監修］長尾高弘［訳］（2017）『The DevOps ハンドブック』（日経 BP 社）＞

Distributed Systems Observability – Cindy Sridharan, 2018（未邦訳）

Testing in Production, the safe way – Cindy Sridharan, 2018（未邦訳）
https://copyconstruct.medium.com/testing-in-production-the-safe-way-18ca102d0ef1

The Servers Are Burning – Dale Markowitz, 2018（未邦訳）
https://logicmag.io/failure/the-servers-are-burning/

第 8 章　チームと会社の成長指標

Engineering Metrics: Grow Your Buiness with Outcomes, Not Activity – Natalie Diggins, 2016（未邦訳）
https://openviewpartners.com/blog/engineering-metrics/

The Lean Startup: How Today's Entrepreneurs Use Continuous Innovation to Create Radically Successful Businesses – Eric Ries, 2011
＜邦訳：エリック・リース［著］井口耕二［訳］伊藤穰一［解説］（2012）『リーン・スタートアップ』（日経 BP）＞

Measure What Matters: OKRs: The Simple Idea that Drives 10x Growth – John Doerr, 2018
＜邦訳：ジョン・ドーア［著］土方奈美［訳］（2018）『Measure What Matters 伝説のベンチャー投資家が Google に教えた成功手法 OKR』（日本経済新聞出版社）＞［訳注：原題はイギリス版と思われる。インターナショナル版（英語）のタイトルは *Measure What Matters: How Google, Bono, and the Gates Foundation Rock the World with OKRs* で、日本語訳の底本にもこちらが使われている。］

Trustworthy Online Controlled Experiments: A Practical Guide to A/B Testing – Ron Kohavi et al., 2020
＜邦訳：ロン・コハヴィほか［著］大杉直也［訳］（2021）『A/B テスト実践ガイド』（アスキードワンゴ）＞

Every Product Needs a North Star Metric: Here's How to Find Yours – Sandhya Hedge, 2018（未邦訳）
https://amplitude.com/blog/product-north-star-metric

How Netflix measures success – Nathan McAlone, 2016（未邦訳）
https://www.businessinsider.com/netflixs-most-important-metric-2016-2

How Slack Became The Fastest-Growing Enterprise Software Ever – John Koetsier, 2018（未邦訳）
https://www.forbes.com/sites/johnkoetsier/2018/11/30/how-slack-became-the-fastest-growing-enterprise-software-ever/

From 0 to $1B - Slack's Founder Shares Their Epic Launch Strategy – First Round Review, 公開年不明（未邦訳）
https://review.firstround.com/From-0-to-1B-Slacks-Founder-Shares-Their-Epic-Launch-Strategy

What is a North Star Metric? – Sean Ellis, 2017（未邦訳）
https://blog.growthhackers.com/what-is-a-north-star-metric-b31a8512923f

Hacking Growth: How Today's Fastest-Growing Companies Drive Breakout Success – Sean Ellis et al., 2017
＜邦訳：ショーン・エリスほか［著］門脇弘典［訳］（2018）『Hacking Growth グロースハック完全読本』（日経 BP 社）＞

Sean Ellis on charting a path toward sustainable growth – Adam Risman, 2018（未邦訳）
https://www.intercom.com/blog/podcasts/sean-ellis-growth

How to Win With OKRs and a North Star Metric – Ethan Garr, 2021（未邦訳）
https://breakoutgrowth.net/2021/01/26/how-to-win-with-okrs-and-a-north-star-metric/

第 9 章　ローカルペルソナ

South Korea's Online Banking System Is Stuck In 1996 – Elaine Ramirez, 2016（未邦訳）
https://www.forbes.com/sites/elaineramirez/2016/11/30/south-koreas-online-banking-system-is-stuck-in-1996/

How GoDaddy Launched in 125 Countries in 3 Years: An Interview with James Carrol, EVP of Global Platform Development – Kerri Lu, 2017（未邦訳）

https://www.oneskyapp.com/blog/godaddy-international-growth-strategy/

The Inside Story on How SurveyMonkey Cracked the International Market – First Round Review, 公開年不明（未邦訳）

https://review.firstround.com/the-inside-story-on-how-surveymonkey-cracked-the-international-market

Why millions of people are helping Google build the most accurate Maps in the world – Jillian D'Onfro, 2016（未邦訳）

https://www.businessinsider.com/google-maps-local-guides-2016-9

Google マップ*' futuristic AR walking navigation is now in testing by Level 5+ Local Guides* – Richard Gao, 2019（未邦訳）

https://www.androidpolice.com/2019/02/28/google-maps-futuristic-ar-walking-navigation-is-now-in-testing-by-level-5-local-guides/

第 10 章　品質戦略のリード

Why Vision Is More Important Than Strategy – Michael Hyatt, 2012（未邦訳）

https://fullfocus.co/why-vision-is-more-important-than-strategy/

The Hard Thing About Hard Things: Building a Business When There Are No Easy Answers – Ben Horowitz, 2014

＜邦訳：ベン・ホロウィッツ［著］滑川海彦ほか［訳］（2016）『HARD THINGS 答えがない難問と困難にきみはどう立ち向かうか』（日経 BP 社）＞

How great leaders inspire action – Simon Sinek, 2010

https://www.ted.com/talks/simon_sinek_how_great_leaders_inspire_action

＜邦訳：サイモン・シネック（2010）「優れたリーダーはどうやって行動を促すか」（TED）

https://www.ted.com/talks/simon_sinek_how_great_leaders_inspire_action?language=ja ＞

Start with Why: How Great Leaders Inspire Everyone to Take Action – Simon Sinek, 2009

＜邦訳：サイモン・シネック［著］栗木さつき［訳］（2012）『WHY から始めよ！ インスパイア型リーダーはここが違う』（日本経済新聞出版社）＞

Find Your Why: A Practical Guide for Discovering Purpose for You and Your Team – Simon Sinek et al., 2017

＜邦訳：サイモン・シネックほか［著］島藤真澄［訳］（2019）『FIND YOUR WHY あなたとチームを強くするシンプルな方法』（ディスカヴァー・トゥエンティワン）＞

Your Best Year Ever: A 5-Step Plan for Achieving Your Most Important Goals – Michael Hyatt, 2018（未邦訳）

Sprint: How to Solve Big Problems and Test New Ideas in Just Five Days – Jake Knapp et al., 2016

＜邦訳：ジェイク・ナップほか［著］櫻井祐子［訳］（2017）『SPRINT 最速仕事術 あらゆる仕事がうまくいく最も合理的な方法』（ダイヤモンド社）＞

Think and Grow Rich – Napoleon Hill, 1937

＜邦訳：ナポレオン・ヒル［著］田中孝顕［訳］（1999）『思考は現実化する』（きこ書房）＞

推奨ブログ・インフルエンサー

［訳注：英語のみ］

Rich Archbold — https://www.intercom.com/blog

Dan Ashby — https://danashby.co.uk

James Bach — https://www.satisfice.com

Michael Bolton — https://www.developsense.com

Katrina Clokie — http://katrinatester.blogspot.com

Sean Ellis — https://growthhackers.com

Ashley Hunsberger — https://github.com/ahunsberger

Steve Janaway — https://stephenjanaway.co.uk

Will Larson — https://lethain.com

Edmond Lau — http:///www.effectiveengineer.com/blog

Michael Lopp — https://randsinrepose.com

Matt Newkirk — https://mattnewkirk.com

著者について

　ロナルド・カミングス＝ジョン（Ronald Cummings-John）とオワイス・ピア（Owais Peer）は、Global App Testing 社（www.globalapptesting.com）の共同設立者です。人間が取り組む自律的なテストにフォーカスした GAT 社のチームは 105 カ国以上で、検査をパスした 25,000 人のテスターが実環境でデバイスを用いたテストを行います。これにより、お客様はテストに最小限の工数を割くだけで高品質な製品を提供できます。

　何百もの大手ブランドがインパクトを第一に考えた GAT 社の品質へのアプローチを信頼しており、アジャイルチームや DevOps チームが、より早い・より頻繁なリリースを実現しています。GAT 社はイギリスで最も急成長しているテクノロジー企業の 1 つに選ばれました。

　ロナルドとオワイスは、テスト分野における革新的な取り組みで世界的な評価を得ており、特に Testathon ®（www.testathon.co）を発明しました。Testathon ® はこれまで 50 カ国以上で開催されてきたテスターのためのハッカソンであり、King 社・Spotify 社・Instagram 社などの大手企業のテックチームが参加してきました。

　QA や起業家精神に関するロナルドとオワイスの講演やアドバイスは非常に人気があります。ポッドキャストへのゲスト出演やイベントでの講演をご希望の方は、こちらから英語でお問い合わせください。media@leadingqualitybook.com

謝辞

「私が彼方を見渡せたのだとすれば、それは巨人の肩に立っていたからだ」

— アイザック・ニュートン卿（*Sir Isaac Newton*）

　書籍の執筆はプロダクト開発に似ています。書籍のマーケットにフィットするようにインタビューを行い、多様なチームが一丸となってコンテンツが正しいことを確認し、想定読者（顧客）に向けたベータ版リリースを行い、価値を提供しているかを確認する必要があります。

　まず、本書の執筆に協力してくれた Global App Testing 社のファミリー全員に感謝しなければなりません。特にファヒム・サチェディーナ（Fahim Sachedina）は私たちが行き詰まったときに手を差し伸べ、プロジェクトを管理し、本書のアイデアを発展させることを自分自身の仕事であるかのようにサポートしてくれました。ニック・ロバーツ（Nick Roberts）は熱意を持って本書を完成させようとチーム全体の管理をしてくれました。トム・ブランズビー（Tom Brandsby）は私たちが最後の数日間で適切な言葉を見つけられなかったときに助けてくれました。研究チームのサスキア・マティアス（Saskia Mathias）、エミリー・オズワルド（Emily Oswald）、バニータ・パテル（Vanita Patel）は舞台裏での細々したことをすべてやってくれました。

　私たちのメンターでありコーチでもあるデレク・ルイス（Derek Lewis）は過去数年間の反復と変化の中で、私たちに寄り添ってくれました。ありがとうございます。あなたのエネルギーとモチベーションが、本書の執筆を達成する原動力となっています。

　ジュミー（Jumee）とメリーランド大学（UMD）のレコーディングスタジオのチームは、この本の音声版をすばらしいものにするために徹底的なパフォーマンスコーチングをしてくれました。

　まだアイデアが確立していなかった頃に本書を書くよう後押ししてくれた Testathon ® のすばらしいホスト、バーノン・リチャーズ（Vernon Richards）に感謝します。テストと品質に関するアイデアを出し合う中で私たちの思考を研ぎ澄ましてくれたことと、QA 界隈の多くのすばらしい人々を紹介してくれたことに感謝しています。

　校正を担当してくれたヒューゴ・シュテッケルマッハー（Hugo Steckelmacher）は私たちがこれまでに出会った誰よりも細部にまで目を光らせながら、長年にわたって伴走してくれました。

　序文を書くのに時間を割いてくれたニール・ブラウン（Neil Brown）に感謝します。膝を突き合わせて界隈の未来の話をするたびにインスピレーションを与えてくれました。

　草稿の最終版でストーリーを盛り込ませてもらったチャールズ・アデーコ（Charles Adeeko）、ドミトリー・アレクシェンコ（Dmitry Alexeenko）、ダン・アシュビー（Dan Ashby）、ドミニク・アシラティ（Dominic Assirati）、アビー・バンサー（Abby Bangser）、サリー・ゴーブル（Sally Goble）、アシュリー・ハンスバーガー（Ashley Hunsberger）、スティーブン・ジャナウェイ（Stephen Janaway）、マイク・ジョーンズ（Mike Jones）、エドモンド・ラオ（Edmond Lau）、ミーガン・ルイス（Meaghan Lewis）、アリリィ・マクスウィーニー（Arylee McSweaney）、シェシュ・パテル（Shesh Patel）、イリヤ・サハロフ（Ilya Sakharov）に感謝します。皆さんが経験を率直に分かち合ってくれたことで、本書は特別なものになりました。

　クラース・アルディノワ（Klaas Ardinois）、ファブ・アヴィラ（Fab Avila）、ジェームズ・バック（James Bach）、リチャード・ベンソン（Richard Bengtsson）、マイケル・ボルトン（Michael Bolton）、ニック・コールドウェル（Nick Caldwell）、クリフ・チャン（Cliff Chang）、カトリーナ・クロッキー（Katrina Clokie）、アダム・ダンクリー（Adam Dunkley）、ショーン・エリス（Sean Ellis）、フレッド・エセア（Fred Esere）、ドミニク・フィアグリーブ・ジェームズ（Dominic Feargrieve James）、ルイス・フランキーラ（Luís Franqueira）、アルジュン・ガディア（Arjun Gadhia）、トム・ガーディナー（Tom Gardiner）、マウリシオ・ジャコメッロ（Mauricio Giacomello）、ルカ・グルーラ（Luca Grulla）、イーサン・ギィ（Ethan Gui）、アーロン・ヘーン（Aaron Haehn）、パム・エルナンデス（Pam Hernandez）、マーティ・ヘーベンバーグ（Marty Hoevenberg）、アレクサンドラ・ホッファー（Alexandra Hoffer）、マーク・フリンザーク（Mark Hrynczak）、ビラル・カーン（Bilal Khan）、リク・マルセリス（Rik Marselis）、ジェフ・マイヤー（Geoff Meyer）、マシュー・ニューカーク（Matthew Newkirk）、ミネット・ノーマン（Minette Norman）、スティーブ・オドリンド（Steve Odlind）、サイモン・プライア（Simon Prior）、ニランジャン・ラビチャンドラン（Niranjan Ravichandran）、フィリペ・ロドリゲス（Filipe Rodriguez）、ケビン・ルーロー（Kevin Roulleau）、ロバート・ショウ（Robert Shaw）、リディア・シニツィーナ（Lidia Sinitsyna）、ゴードン・スキナー（Gordon Skinner）、スヤッシュ・ソンワカール（Suyash Sonwalkar）、ダグラス・スクワール（Douglas Squirrel）、トム・ストッファー（Tom Stoffer）、レオニダス・ツェメンツィス（Leonidas Tsementzis）サイモン・ターヴェイ（Simon Turvey）、アジャイ・バリーア（Ajay Varia）、ロバー

ト・ワッツ（Robert Watts）、ジェラルド・ワインバーグ（Gerald Weinberg）、ダニエル・ウィスクマン（Daniel Wiskman）、オーイン・ウッズ（Eoin Woods）、カサル・ユニス（Qasar Younis）、ジュリアン・ラビーニュ・デュカデット（Julien Lavigne du Cadet）には、執筆に際し貢献・インスピレーション・フィードバックをいただきました。

　ジェームズ・バック（James Bach）、アンバー・ブロカート（Amber Brocato）、リサ・クリスピン（Lisa Crispin）、フランク・ハレゴイ（Franck Halegoi）、ダニエル・ノット（Daniel Knott）、トビアス・クロイツィヒ（Tobias Kreuzig）、マイケル・ロップ（Michael Lopp）、ロバート・C・マーティン（Robert C. Martin）、ジェームズ・メドック（James Meddock）、ジャニーン・パーキュチェロ（Janine Percucello）、ケビン・パイルズ（Kevin Pyles）、ローザ・ロマノヴァ（Roza Romanova）、ジャス・シン（Jas Singh）は、本書の草稿を読み貴重なフィードバックを提供してくださいました。

　そして最後に、時間を割いてこの本を読んでくださったあなたに感謝します。

　ありがとうございました。

訳者について

河原田政典（かわらだ・まさのり）

Ｘ：Mark Ward @mkwrd

1988 年 2 月 15 日生まれ。2011 年 3 月明治大学政治経済学部経済学科卒業。2022 年 9 月グロービス経営大学院大学経営研究科経営専攻修了。経営学修士（専門職）。

複数の企業でソフトウェア開発および品質保証に従事したのち、2019 年 12 月から株式会社グロービスに参画している。また「QA ブレイン」の肩書きで品質保証の知見を広めるアドバイザリー業務や社内講演を手掛ける個人事業主でもあり、これまでに株式会社マネーフォワード、株式会社セブン銀行、株式会社 MagicPod など、ソフトウェア品質に注力している企業での実績がある。

品質界隈では英名の Mark Ward（マーク・ウォード）の名で通っており、2021 年 8 月から勉強会「Markin' Quality（マーキン・クオリティー）」を主宰。参加者と共にソフトウェア品質および品質文化を中心に、DevOps などの開発プロセスと品質エンジニアのあり方や未来など、多岐にわたるテーマについて議論している。

https://markin-quality.connpass.com

2017 年から「エンジニアの戦場は、世界だ」と掲げ、主にヨーロッパ各地で行われる国際カンファレンスに毎年のように参加し、学んだ情報を翻訳して国内で広める活動をしてきた。ドイツの都市ポツダムで 2023 年 11 月に開催される Agile Testing Days では、ソフトウェア開発における割れ窓理論の適用に関する講演が採択され、日本人初の単独登壇者となった。

共訳書に、カトリーナ・クロッキー［著］風間裕也ほか［訳］（2021）『A Practical Guide to Testing in DevOps Japanese Edition』（LeanPub）がある。

https://leanpub.com/testingindevops-japanese-edition

巻末注

　このセクションでは、本書で使用・参照した多くの情報源をリストアップしています。しかし、アイデアというものは流動的であり、しばしば他人のアイデアに立脚して考察されます。（意図せずに）アイデアを初めに提起した人物を間違えてしまったり、誰かに謝意を示さなかったりなどのミスを犯しているかもしれません。

　もし私たちが誤っていると思われる場合は、お気軽にメールでご連絡ください。bugs@leadingqualitybook.com［訳注：原著者宛に英語でのみ］

1 ）"Sukarno, Suharto, Megawati: Why Do Some Indonesians Have Only One Name?" *International Business Times*, September 19, 2013,
https://www.ibtimes.com/sukarno-suharto-megawati-why-do-some-indonesians-have-only-one-name-1408204

2 ）マイケル・ボルトンはジェリー・ワインバーグによる定義「品質は誰かにとっての価値である。」をもとに品質を定義している。"What is Quality?" *Flow of Testing*, May 26, 2014,
https://flowoftesting.wordpress.com/2014/05/26/what-is-quality/

3 ）Amazon's "Annual Letter to Shareholders 2018," SEC, April 18, 2018,
https://www.sec.gov/Archives/edgar/data/1018724/000119312518121161/d456916dex991.htm［訳注：Amazon.com 社の IR 情報のページでは『2017 Letter to Shareholders』というタイトルで公開されている。
https://s2.q4cdn.com/299287126/files/doc_financials/annual/Amazon_Shareholder_Letter.pdf］

4 ）"Why Software Testing is Key to DevOps," *TechWell*, February 9, 2018,
https://www.techwell.com/techwell-insights/2018/02/why-software-testing-key-devops

5 ）"Testing Trends for 2018, A Survey of Development and Testing Professionals" Sauce Labs, February, 2018,
https://assets.ctfassets.net/czwjnyf8a9ri/3NT3YOvhCKyVZQjbNCWvjo/204c6fa91deb8adb18813e33d884a8a9/sauce-labs-state-of-testing-2018.pdf

6 ）同資料の 11 ページのグラフをもとに作成。

7）同資料

8）"Software Fail Watch: 5th Edition," Tricentis, June 1, 2019,
   https://www.tricentis.com/wp-content/uploads/2019/01/Software-Fails-Watch
   -5th-edition.pdf〔訳注：URL リンク切れ〕

9）"Up to 300k NHS Heart Patients May Have Been Given Wrong Drugs," *Health
   Medicine Network*, May 11, 2016,
   http://healthmedicinet.com/i2/up-to-300k-nhs-heart-patients-may-have-been-
   given-wrong-drugs

10）"WHOOPS: American Airlines Without Pilots for Christmas After Scheduling Sys-
   tem Glitch," CNBC, November 29, 2017,
   https://www.cnbc.com/2017/11/29/thousands-of-american-airlines-flights-
   dont-have-scheduled-pilots-union.html

11）"Bad Data and New IT System Bugs Help Knock Off 66% Off Provident Financial
   Share Price," *The Register*, August 23, 2017,
   https://www.theregister.com/2017/08/23/provident_financial_software_woes
   _share_price_crash

12）"Software Fail Watch: 5th Edition," Tricentis, June 1, 2019,
   https://www.tricentis.com/wp-content/uploads/2019/01/Software-Fails-
   Watch-5th-edition.pdf〔訳注：URL リンク切れ〕

13）マイク・ジョーンズの、原著者との会話より。

14）*Entrepreneur Voices on Company Culture*

15）"Snapchat has a huge problem with Android, and it's causing investors to worry,"
   Business Insider, February 21, 2017,
   https://www.businessinsider.com/snapchat-huge-problem-with-android-causing
   -investors-to-worry-2017-2

16）アリリィ・マクスウィーニーの、原著者との会話より。

17）シェシュ・パテルの、原著者との会話より。

18）"The Freaky Friday Management Technique," Andreessen Horowitz, January 19,
   2012,
   https://a16z.com/2012/01/19/the-freaky-friday-management-technique/

19）"How Designers Work With Developers: A round up from interviews on how product
   designers collaborate with developers," *Medium*, April 29, 2017,
   https://uxdesign.cc/how-designers-work-with-developers-7552be5e40e9

20）"How Designers and Developers Can Pair Together to Create Better Products,"
   Medium, June 22, 2017,
   https://medium.com/product-labs/how-designers-and-developers-can-pair-
   together-to-create-better-products-e4b09e3ca096

21）"Quality Assistance: How Atlassian Does QA," Atlassian,
   https://www.atlassian.com/inside-atlassian/qa

22）"Testing at Airbnb," *Medium*, February 27, 2014,
   https://medium.com/airbnb-engineering/testing-at-airbnb-199f68a0a40d

23) これはロバート・B・チャルディーニが示している、影響力をおよぼす「社会的証明」の原理だ。彼の以下の著作は説得における心理を学べる格好の書籍である。Robert B. Cialdini, *Influence* ＜邦訳：ロバート・B・チャルディーニ［著］社会行動研究会［訳］（2014）『影響力の武器［第三版］』（誠信書房）

24) 機密情報を含むため、姓と社名は省いてある。

25) "World Quality Report 2018 – 19," Capgemini, URL 無効［訳注：日本語版は `https://www.capgemini.com/jp-jp/service/world-quality-report-2018-19/` にて個人情報入力後ダウンロード可能］

26) "Edward Bernays, 'Father of Public Relations' and Leader in Opinion Making, Dies at 103," *New York Times*, March 10, 1995, `https://archive.nytimes.com/www.nytimes.com/books/98/08/16/specials/bernays-obit.html`

27) Life 誌によるリストが下記で示されている。"American Decades of the 20th Century: Life Magazine Lists 20th Century's Most Influential Americans,"Timberlane, October 25, 2018, `https://libguides.timberlane.net/c.php?g=464885&p=3192709`

28) "Continuous Testing in DevOps" Dan Ashby, October 19, 2016, `https://danashby.co.uk/2016/10/19/continuous-testing-in-devops/` ＜邦訳：藤原大［訳］（2020）『［翻訳］DevOps における継続的テストとは何か？』`https://daipresents.com/2020/06/04/continuous-testing-in-devops/`＞

29) 本書で使用したモデルはダンが原著者との対話の中で描いた図を単純化したものである。ダンが Web サイトで共有しているオリジナルは下記を参照。
"Information, and its relationship with testing and checking," Dan Ashby, March 8, 2016, `https://danashby.co.uk/2016/03/08/information-and-its-relationship-with-testing-and-checking/` なお、ダンのフレームワークはマイケル・ボルトンとジェームズ・バックによる次の記事から着想されている。
"A Context-Driven Approach to Automation in Testing" `https://www.satisfice.com/download/a-context-driven-approach-to-automation-in-testing` 本書で「調査（Investigating）」と「検証（Verifying）」としている用語は、元はテスティング（Testing）と確認（Checking）である。

30) "Reducing the Cost of IT Automations – Is Automation Always the Answer?" Usenix, `https://www.usenix.org/legacy/event/hotos05/final_papers/full_papers/brown/brown.pdf`

31) 下記の議論をもとにしている。"Diffusion of Innovation Theory," BUMC, August 29, 2018, `https://sphweb.bumc.bu.edu/otlt/MPH-Modules/SB/BehavioralChangeTheories/BehavioralChangeTheories4.html`

32)"Why Product Owners Should Care About Quality," Roman Pichler, April 8, 2010,
　　https://www.romanpichler.com/blog/why-product-owners-should-care-about-quality/

33)"About Us," King,
　　https://discover.king.com/about

34)ドミニク・アシラティの、原著者との会話より。

35)自社プロダクトを社内で利用することをドッグフーディングという。

36)"Google Maps: 1 Billion Monthly Users," GPS Business News, July 17, 2014,
　　https://gpsbusinessnews.com/Google-Maps-1-Billion-Monthly-Users_a4964.html
　　［訳注：URL リンク切れ］

37)"The Rise and Fall of Knight Capital – Buy High, Sell Low. Rinse and Repeat." Medium, August 5, 2018,
　　https://medium.com/dataseries/the-rise-and-fall-of-knight-capital-buy-high-sell-low-rinse-and-repeat-ae17fae780f6

38)アシュリー・ハンスバーガーの、原著者との会話より。

39)アシュリーが実例を語っている講演 "Transform Culture Using DevOps Principles" を YouTube で見られる。
　　https://www.youtube.com/watch?v=RBrAj9jKgXO&t=1627s

40)Capers Jones, Applied Software Measurement ＜邦訳：ケイパース・ジョーンズ［著］富野壽ほか［監訳］『ソフトウェア開発の定量化手法　生産性と品質の向上をめざして　第 3 版』（日経 BP・2010）；Marco Morana, "Building Security into the Software Life Cycle"

41)この研究におけるコストの計測に関しては多くの議論がなされており、中でも次の書籍が非常に参考になる。
　　Laurent Bossavit, *The Leprechauns of Software Engineering*

42)前掲書

43)ダンの優れた記事を参照すること。"Continuous Testing in DevOps" Dan Ashby, October 19, 2016,
　　https://danashby.co.uk/2016/10/19/continuous-testing-in-devops/
　　＜邦訳：藤原大［訳］（2020）『［翻訳］DevOps における継続的テストとは何か？』
　　https://daipresents.com/2020/06/04/continuous-testing-in-devops/＞

44)表はエリザベスの講演から引用した。

45)チャールズ・アデーコの、原著者との会話より。

46)"My Philosophy on Alerting: based on my observations while I was a Site Reliability Engineer at Google,"
　　http://files.catwell.info/misc/mirror/rob-ewaschuk-google-sre-philosophy-alerting.pdf

47)明解にするため、同資料から表現を一部省略して引用。

48)"Symptom-Based Monitoring at Ticketmaster," Ticketmaster, August 19, 2015,
　　https://tech.ticketmaster.com/2015/08/19/symptom-based-monitoring-at-ticketmaster/［訳注：URL リンク切れ］

49) 同資料

50) サリー・ゴーブルの、原著者との会話より。

51) "Testing in Production, the safe way," *Medium*, March 25, 2018,
https://copyconstruct.medium.com/testing-in-production-the-safe-way-18ca102d0ef1

52) "The Servers Are Burning," *Logic Magazine*, August 2018,
https://logicmag.io/05-the-servers-are-burning

53) ミーガン・ルイスの、原著者との会話より。

54) "Engineering Metrics: Grow Your Business with Outcomes, Not Activity," OpenView Venture Partners, August 10, 2016,
https://openviewpartners.com/blog/engineering-metrics/

55) 機密情報保護の観点から、個人名および企業の詳細は省いてある。

56) イリヤ・サハロフの、原著者との会話より。

57) OKR の詳細は次の書籍を参照されたい。John Doerr, *Measure What Matters*
＜邦訳：ジョン・ドーア［著］土方奈美［訳］（2018）『Measure What Matters 伝説のベンチャー投資家が Google に教えた成功手法 OKR』（日本経済新聞出版社）＞

58) "Every Product Needs a North Star Metric: Here's How to Find Yours," Amplitude, March 21, 2018,
https://amplitude.com/blog/product-north-star-metric

59) "How Netflix Measures Success," *Business Insider*, February 1, 2016,
https://www.businessinsider.com/netflixs-most-important-metric-2016-2

60) "How Slack Became The Fastest-Growing Enterprise Software Ever," Forbes, November 11, 2018,
https://www.forbes.com/sites/johnkoetsier/2018/11/30/how-slack-became-the-fastest-growing-enterprise-software-ever/

61) "From 0 to $1B – Slack's Founder Shares Their Epic Launch Strategy," First Round,
https://firstround.com/review/From-0-to-1B-Slacks-Founder-Shares-Their-Epic-Launch-Strategy

62) 成長指標をいかに打ち立てるかをさらに学ぶには、ショーン・エリスがノーススターメトリックを説明している次の資料を参照されたい。"What is a North Star Metric?" *Medium*, June 6, 2017,
https://blog.growthhackers.com/what-is-a-north-star-metric-b31a8512923f

63) "Sean Ellis on charting a path toward sustainable growth," Intercom, June 7, 2018,
https://www.intercom.com/blog/podcasts/sean-ellis-growth

64) ドミトリー・アレクシェンコの、原著者との会話より。

65) "South Korea's Online Banking System Is Stuck in 1996," *Forbes*, November 30, 2016,
https://www.forbes.com/sites/elaineramirez/2016/11/30/south-koreas-online-banking-system-is-stuck-in-1996

66) これらはマーケティングオートメーションを手がける HubSpot 社で使われているペルソナの一例である。

67) "How GoDaddy Launched in 125 Countries in 3 Years: An Interview with James

Carroll, EVP of Global Platform Development," OneSky, June 12, 2017,
https://www.oneskyapp.com/blog/godaddy-international-growth-strategy/

68）"The Inside Story on How SurveyMonkey Cracked the International Market," First Round,
https://review.firstround.com/the-inside-story-on-how-surveymonkey-cracked-the-international-market

69）"Why millions of people are helping Google build the most accurate Maps in the world," *Business Insider*, September 14,
https://www.businessinsider.com/google-maps-local-guides-2016-9

70）"Google Maps' futuristic AR walking navigation is now in testing by Level 5+ Local Guides," *Android Police*, February 28, 2019,
https://www.androidpolice.com/2019/02/28/google-maps-futuristic-ar-walking-navigation-is-now-in-testing-by-level-5-local-guides/

71）長期のビジネスパートナーに関する GAT 社の考えは Web サイトを参照されたい。
https://www.globalapptesting.com

72）"Why Vision is More Important than Strategy," Full Focus, January 23, 2012,
https://fullfocus.co/why-vision-is-more-important-than-strategy/

73）同資料

74）"How great leaders inspire action," TED, May, 2010,
https://www.ted.com/talks/simon_sinek_how_great_leaders_inspire_action
（日本語字幕つき）

75）これは主に、変化のスピードが速い現代では全社レベルの戦略が数年ごとに調整されるため、部門単位では 1 年先・2 年先の計画が立てにくくなっている事情を反映している。

76）Napoleon Hill, *Think and Grow Rich* ＜邦訳：ナポレオン・ヒル［著］田中孝顕［訳］（1999）『思考は現実化する』（きこ書房）＞

索引

索引

●本書に対するお問い合わせは、電子メール（info@asciidwango.jp）にてお願いいたします。
但し、本書の記述内容を越えるご質問にはお答えできませんので、ご了承ください。

_{リーディング　クオリティ}
LEADING QUALITY

2023 年 11 月 13 日　初版発行

著　者	_{ロナルド　カミングス＝ジョン　オワイス　ピア} Ronald Cummings-John, Owais Peer
訳　者	_{かわらだ　まさのり} 河原田 政典
発行者	夏野 剛
発　行	株式会社ドワンゴ 〒 104–0061 東京都中央区銀座 4–12–15 歌舞伎座タワー 編集 03–3549–6153 電子メール info@asciidwango.jp https://asciidwango.jp/
発　売	株式会社 KADOKAWA 〒 102–8177 東京都千代田区富士見 2–13–3 KADOKAWA 購入窓口　0570–002–008（ナビダイヤル） https://www.kadokawa.co.jp/
印刷・製本	株式会社リーブルテック

Printed in Japan

ISBN978–4–04–893112–0 C3004

アスキードワンゴ編集部
編　集　鈴木嘉平